小学英语阅读教学中思维品质的培养

The cultivation of thinking quality
in elementary school English reading teaching

◎ 李大雁 等 著

北京理工大学出版社
BEIJING INSTITUTE OF TECHNOLOGY PRESS

图书在版编目（CIP）数据

小学英语阅读教学中思维品质的培养 / 李大雁等著
. – – 北京：北京理工大学出版社，2023.4
ISBN 978 – 7 – 5763 – 2307 – 8

Ⅰ. ①小… Ⅱ. ①李… Ⅲ. ①英语—阅读教学—教学
研究—小学 Ⅳ. ①G623.312

中国国家版本馆 CIP 数据核字（2023）第 070844 号

出版发行 / 北京理工大学出版社有限责任公司
社　　　址 / 北京市海淀区中关村南大街 5 号
邮　　　编 / 100081
电　　　话 / （010）68914775（总编室）
　　　　　　（010）82562903（教材售后服务热线）
　　　　　　（010）68944723（其他图书服务热线）
网　　　址 / http://www.bitpress.com.cn
经　　　销 / 全国各地新华书店
印　　　刷 / 廊坊市印艺阁数字科技有限公司
开　　　本 / 710 毫米 × 1000 毫米　1/16
印　　　张 / 12.75　　　　　　　　　　　责任编辑 / 王晓莉
字　　　数 / 188 千字　　　　　　　　　　文案编辑 / 王晓莉
版　　　次 / 2023 年 4 月第 1 版　2023 年 4 月第 1 次印刷　责任校对 / 刘亚男
定　　　价 / 82.00 元　　　　　　　　　　责任印制 / 李志强

创作团队

主创：李大雁

成员：线毅菲　游晓燕　庞婧怡
　　　董　然　孙语浓

序

　　随着社会的不断发展，教育理念的不断更新，教育的目的和意义早已不仅仅是知识传授，其越来越重视对学生核心素养的培养。教育部在《关于全面深化课程改革落实立德树人根本任务的意见》中，明确把核心素养的内涵界定为"学生应具备的适应终身发展和社会发展需要的必备品格和关键能力"。《义务教育英语课程标准（2022年版）》指出，要培养学生的语言能力、文化意识、思维品质和学习能力四大核心素养。而思维能力是最核心、最根本的学习能力，正如孔子所云："学而不思则罔，思而不学则殆。"联合国教科文组织国际教育发展委员会指出："教师的职责已经是越来越少地传授知识，而越来越多地激励思考。"对于如何更有效地在小学英语教学中激励学生思考、培养学生的思维品质，研究者们开展了众多尝试。

　　本书基于小学英语阅读教学的研究与实践，借鉴国内外相关研究成果，对小学英语阅读教学中培养学生思维品质的理念、原则、教学模式、实施路径和策略等方面做了比较深入全面的探索与梳理，在一定程度上丰富了相关领域的教育理论，总结并拓展了一些小学阶段英语教学中培养学生思维品质的教学模式与方法。同时，本书还结合相关理论对在研究中形成的典型案例进行分析，呈现了在教育教学过程中学生思维品质培养的探索情况，凝聚了一线教师原生态的实践与思考，能够为小学英语阅读教学中学生思维品质的培养提供参考与借鉴。

　　是为序。

北京师范大学

孙晓慧

前　言

　　《普通高中英语课程标准（2017 年版，2020 年修订）》指出，英语学科核心素养主要包括语言能力、文化意识、思维品质和学习能力。思维品质指思维在逻辑性、批判性、创新性等方面所表现出的能力和水平。英语学科核心素养心理特征的体现要求学生在英语学习中实现思维品质的发展目标，辨别语言和文化中的特定现象，结构化地处理新信息，建构新意义，分析和推断信息的逻辑关系，根据一定的标准判断思想和观点，创造性地表达，促进思维的多元化发展。

　　小学英语阅读教学中，教师还不够注重培养学生的思维品质。首先，学生以往的英语知识的积累对于英语阅读的深度学习和思维品质的提高有很大影响。一些学生平时词汇或语句积累不扎实，基础相对薄弱，所以在充分理解、深度思考、自如运用方面显得比较吃力。其次，学生的个体差异性也是培养学生思维品质过程中需要处理好的问题。学生对英语阅读感兴趣的程度不一，对知识的理解能力、对关键知识点的把握程度有所差异，都需要教师在培养其逻辑性思维、批判性思维和创新型思维的过程中，因地制宜，因势利导。最后，教师讲授型教学导致师生互动不充分，学生表达机会不足，课堂思维效率不高。教师对小学英语思维品质培养的重要性认识不到位，囿于完成教学任务，往往不是在备课，就是在批改试卷，很少有时间能静下心来思考如何提升学生的思维品质。

　　基于此，本书从主题意义探究的角度，对小学英语阅读教学中如何培养学生较强的英语思维品质的方法和策略进行了深入的思考和探索。阅读是培养思维品质等核心素养的重要载体，通过阅读学生能够感知、理解、表述、评价、巩固、记忆以及应用所读，促进学习广度和深度的提升。在基于主题意义探究的阅读教学中，教师应注意寻找与主题意义相关的知识和信息，采取有效措施引导学生探究课文的主题意义，帮助学生获得英语知识和技能，促进学生思维品质的发展，从思想、情感、价值观等方面塑造他们的文化品格，让他们获得阅读文本的快乐和阅读后输出的成就感，促进其核心素养的全面发展。只有这样，英语教学才能生动有趣，才能体现学生的主体地位，才能培养学生的思维能力。

本书收录了 20 余篇英语教育专家和一线教师的阅读教学案例，围绕"思维品质发展"开展了多样的单元整体教学活动，设计了多样的教学任务以培养学生的逻辑性、批判性、创新性思维。其中每一章都包括观点聚焦、课例呈现、教学评析三部分，在相关理论的支撑下，根据一个个生动的教学案例分析其中思维能力培养的方法与策略，为读者呈现出一节节真实的课堂及培养小学生思维品质的一些经验和思考。

本书由北京师范大学孙晓慧教授作序，感谢孙教授一直以来的帮助与支持，也希望本书的出版能够切实帮助广大教师朋友解决在阅读教学中思维品质培养的问题，为呈现出更好的阅读课堂提供帮助。

北京市第十四中学小学部　　李大雁

目　录

第一章

"双减"背景下思维品质的培养，让学习更高效

李大雁

基础教育阶段学生学业负担过重的问题严重影响学生的身心健康和综合素养的全面提升，影响党和国家教育事业持续健康发展。对此，党和国家始终高度重视，不断出台相关政策进行调整和解决。自 1955 年《教育部关于减轻中、小学校学生过重负担的指示》开始，至 2021 年中共中央办公厅、国务院办公厅印发《关于进一步减轻义务教育阶段学生作业负担和校外培训负担的意见》（以下简称《"双减"意见》），多年来，中共中央、国务院办公厅，教育部等均发文对减负问题做出重要指示。与中华人民共和国成立以来历次出台的减负政策相比，2021 年出台的《"双减"意见》及其后续减负措施力度之大前所未有，充分体现了党和国家的坚定决心。

在基础教育阶段的课程中，英语课程具有一定的特殊性。外语能力是学生综合素养的重要组成部分，提升学生的外语能力是全面贯彻党的教育方针、培育和践行社会主义核心价值观、落实立德树人根本任务的体现，也是巩固改革开放成果、加强中外交流的必由之路。

"双减"政策下，在减轻学生课业负担的基础上，发展学生的核心素养，是我们教学的重要任务。在实施过程中，为了保障课程开发与设计顺利开展，在学科教学中，最终的落脚点就是课堂教学。在当下英语学科的核心素养教学开展中，要求教师引导学生以语篇为载体，融合语言学习，发展语言技能，通过一系列思维活动，形成跨文化交际意识，在分析问题和解决问题的过程中，发展思维品质。通过发展小学生思维品质，使小学生对英语阅读进行深入的学习，推动现阶段小学英语的教学顺利开展，使英语课堂教学更具实效性。

一、小学英语阅读教学现状

目前越来越多的教师将目光投向英语阅读教学中语言理解以及文本解释的融合，更加重视英语阅读课堂的教学质量。由此，英语阅读课堂教学效率也得到了一定程度的提升。然而，实际的小学英语阅读课堂教学往往存在着一些"思辨缺席"问题。在当前的小学英语阅读课堂教学中，作为课堂的主导者，教师常常忽视学生的主体地位，未能及时引导学生主动发现与思考问题。部分学生在日常的英语学习过程中缺乏积极主动性，在英语学习上较被动，这就导致他们极容易出现学习效率低下的情况。如此一来，或多或少会对他们的英语学习成绩带来一些影响，同时，也不利于他们良好思维品质的形成。因此，在小学英语阅读课堂教学中，教师要想培养学生的思维品质，就要注入一些创新性教学元素。作为整个教学活动过程的主导者，教师必须引导学生在英语阅读课堂教学过程中独立思考，不断为学生营造良好的英语学习氛围，培养他们善于发现问题、提出问题、总结问题的能力，使其养成自主学习、独立思考的好习惯，提升处理问题时的思维品质。如此，在良好英语阅读学习氛围的熏陶之下，学生对英语阅读的兴趣会大大提升，从而逐步爱上这门学科，并为今后英语阅读的学习打下较扎实的基础。

二、小学英语阅读教学中存在的问题

（一）教学目标设置不够合理

很多教师对英语阅读教学目标的设定时常感到迷茫：究竟应不应该把重点放在语法和词汇量上呢？没有了语法和词汇，我们如何上英语阅读课程？在课程时间限制下，英语听力与英语阅读的比例究竟该如何分配？在一堂阅读课上，如何将注意力集中在阅读的进程和对其效果的影响上？在英语阅读课堂上，我们在注重阅读的过程中，是否应该注意到其所蕴含的文化背景和情感态度？这种现象产生的主要原因是英语阅读教学中存在着一些问题，其没有将理论与实践相结合。例如，在人教版教材中，阅读和写作是每个模块中的关键内容。五年级（上册）"My week"中阅读与写作板块的内容是关于 Robin 的讨论，Read and write 尽管是教材的固定板块，但是并没有固定的教学模式。教无定法，受到材料特征、学生能力、教师个性等因素的影响，这个板块的教学有很多的不确定性，教学目标相对模糊。这就降低了目标设置对学生思维品质发展的作用，影响了课堂实施的最终效果。

（二）教学方法缺乏足够科学性

作为学生学习状况的一项检验指标，成绩往往被教师看作衡量学生学习成果的一个标尺。在这种教学检验指标的影响下，教师往往对学生英语阅读过程有所忽视，而是高度重视语法教学。殊不知，这样的教学方法并不够科学，难以使学生有效地掌握阅读方法。此外，不少教师只重视英语词汇和句法学习，对英语阅读内容的教学渗透少之又少。对于同样的教学内容，不同的教师在展开问题设计时，呈现出不同的教学特征和教学效果。有些问题设计能有效地激发学生的好奇心、求知欲望，并锻炼学生的思考能力；而有些问题的设计却让人困惑不解，从而丧失了对培养学生思考能力的重要作用。这主要是由于教师没有认识到问题设计在学生的思想和身体发展中所起的作用，只能通过一些浅显的问题来帮助他们进行分析，这就说明教师没有正确的教育方法和观念，也没有能够进行有效的问题设计。

三、培养思维品质在小学英语阅读教育中的重要性

在现在的英语阅读教学中，课堂虽然注重以任务为载体，课堂气氛虽然比较活跃，但是多数教师依旧将阅读教学的视野局限在浅尝辄止的阶段。如果设计的活动内容比较枯燥乏味，就不能让学生的思维得到发散，学生的思维也就无法得到有效训练。

阅读可以为学生日后英语写作水平的提升奠定坚实基础，帮助学生掌握实操性更强的阅读技巧，对阅读材料进行全面把握，根据材料内容和语言特点进行灵活安排。因此，基于思维品质培养开展的阅读教学活动，不仅可以让学生接触更多信息，促进学生思维的发散，还可以让学生的思维更加流畅。

（一）可以提高学生的学习能力

考虑到目前小学生的阅读学习情况，很多学生因为刚开始上英语课，还没有完全掌握正确的英语学习方法，所以阅读教育的学习效果并不理想。通过培养多样化、有益的思维品质，可以有效引导学生学习英语，逐步提高他们的英语学习能力。

（二）拓展学生的英语思维能力

在英语阅读学习的过程中，每个学生都应该具备良好的自学能力和独立思考自己面临的阅读问题的能力。培养学生探索性思维品质，是一种逐步引导学生，促进自主学习能力形成的教学方法。

四、小学英语阅读教学中的思维品质培养实践策略

（一）发生机制：低阶思维——情境认知

万丈高楼平地起，低阶思维的存在是发展高阶思维的基础，只有激活学生的低阶思维，才能通过一步一步地引导，让高阶思维品质发生。教师需要认识到"低阶思维"与"情境认知"是高阶思维品质发生的必然条件。在以高阶思维品质发展为目标的背景下，学生的阅读学习与问题思考绝不是被动的，首先，需要小学生在英语阅读学习中对文本进行浅层的阅读理解，能够对文本内容进行整体的感知与初步理解，以前提的低阶学习与低阶思维，为后续的阅读学习深层加工以及问题的深入思考奠定基础，可以促使学生的思维得到进一步的发展。情境认知则是高阶思维品质发生的又一个重要条件，其认为知识的意义构建必定是建立在某一特定情境之中的，适宜的情境创设，也可以起到激活学生学习思维的作用，吸引学生的注意力，然后学生在相对真实的情境带领下，主动地进入问题思考的学习状态之中，主动地发现、提出与解决问题，其为小学生的高阶思维品质发生提供助力。以"Our new home"一课的教学为例，教师在阅读教学活动开展之前，可以通过语言讲述的方式创设情境，如："What's your home like now? Can you give me a brief introduction?""If you are going to have a new home, what do you want him to look like?"还可以借助多媒体创设情境——教师在课前给学生出示多媒体课件，课件的第一幅图片中是一个小女孩与她的朋友站在新家的门前，小女孩在向其他人介绍这里就是她的新家；第二幅图片是她们进到了屋子内，此时通过对图片的观察，学生们对屋内的生活用品、家具陈列以及住房格局一目了然；第三幅图片则展示了许多不同类型的房间，并且提出了问题，如："Which new house do you prefer? Please tell me why."通过情境的创设，让学生对本节课学习的主题有了一个初步的了解，在他们观察与思考之后，再带领其完成初读任务。这可以帮助学生建立起文本知识与现实生活的联系，为学生探索出关注生活、热爱生活的主题意义做好铺垫，

也是促进学生高阶思维发展的首要任务。

(二)促进机制:问题驱动——深度理解

当学生在情境认知下触发了从低阶思维向高阶思维过渡的过程之后,教师还应主动促进学生的思维发展,那么如何达到促进学生高阶思维品质发展的目的呢?问题驱动就是一种有效的方式,教师可以通过设置问题,聚焦学生的思维,让学生在一个又一个由易到难的问题探索中,不断地获取知识,整合学习材料,在问题的解决过程中不断地反思、质疑、批判,从而加深学生对文本内涵的理解,能够在英语阅读学习中,经历由表及里、由分到合的思考过程(王桂英,2021)。那么此时学生对文本内涵的理解与思考程度就是学生高阶思维品质发展所达到的高度。因此,在小学英语阅读教学中,教师应结合英语阅读教学的内容以及高阶思维品质培养的目标,善于运用"问题"驱动学生的思维发展,将等待学生学习的问题、解决的问题设置成多个等待学生挑战的认知性问题,注意问题的设计要有阶梯性,能够引领学生在问题的思考中循序渐进地获得思维品质的提升,让小学生成为知识的发现者,这样可以促进学生的思维水平迈向高级阶段,实现对阅读文本知识的更深一层理解,能够灵活地迁移与运用。

以"Our animal friends"一课的教学为例,在这一单元的阅读教学中,主要是希望学生们可以通过文本阅读,了解描述动物外形特征的方法,学会熟练地运用所学的词汇描述动物,认识到动物是人类的朋友,形成人与动物和谐相处的观念。通常情况下小学生在阅读之后仅仅是大致地理解了文章的主要内容,即课本介绍了几种动物的外形特征,但是却缺乏有目的性的思考,无法在浅显的阅读中获得思维能力的锻炼,那么,教师则可以通过在各个环节中设置问题的方式,引领学生在对问题的思考中,学会多层次、多角度地看待事物,学会辩证地思考问题。例如,在"Our animal friends"一课的导入环节中,教师首先给学生出示了人的身体图片,让学生找一找、说一说人的身体都有哪些部位,在此基础上引出接下来学习的主题,给学生布置阅读学习任务,如:①What are the body parts of animals? Please find out from the text. ②Which animal friends are introduced in the text? ③Why do we say animals are our friends? (范美华,2022)

通过这几个问题的提出,可以让学生有目的性地阅读,能够在文章的阅读中快速地捕捉到有价值的信息。在文章的阅读中学生们会根据已经积累的生活经验，对问题做出假设，但是在阅读中获取的信息并不一定会如学生预期所想，这就需要学生能够在文本的阅读中快速地调整思维，改变学习的方法。在文本阅读之后，教师还应继续提出问题，引发学生对文本主题的深度思考，如教师提出这样的问题：

①What precious wild animals do you know?

②China advocates the protection of animals very much, so what is the significance of protecting animals?

③What do you think you can do to protect animals?

组织学生合作分析问题，学会倾听他人的意见，思考他人的观点是否正确，并做出反思与评判，可以促进学生的高阶思维品质生成。

（三）实现机制：问题解决——实践创新

问题思考与深度理解对于学生的高阶思维品质生成具有促进的作用，想要实现高阶思维品质的形成需要建立在问题解决与实践创新的基础上。在文本阅读中学生虽然已经对知识与事物有了较为深入的理解，但是若不能够将积累的知识与深度理解的能力迁移到新的情境中解决问题，就说明学生并未真正地进入高阶思维的层次。在小学英语阅读教学中，教师可以通过问题解决的方式，让学生不断地解决学习中遇到的新的复杂问题，找出问题的矛盾点，能够用辩证的思维解决问题，站在整体的视角分析问题、提出假设，主动地参与实践，在实践中检验思维成果是否正确，促使学生在发生机制→促进机制→实现机制→发生机制的循环模式中，获得良性的循环发展。

如在"At Christmas"一课的教学中，要求学生通过思维导图的绘制梳理信息，不仅可以帮助学生巩固思维导图这个学习工具的使用方法，也可以做到有条理地梳理信息，锻炼学生的逻辑思维。例如，其中一名学生是以"At Christmas"为核心词，一级分支是对文本知识点的梳理，如一级分支为"vocabulary""sentence pattern""grammar"等，从文章中找出对应的知识类型。还有的学生所绘制的思维导图是以"At Christ-mas"为核心词，所延伸出的一级分支为"when""who""where""what""how"，并结合一级分支的方向，详细地归纳出了相关的内容，实现了对文本信息的归纳整理。那么，在此基础上教师提出的任何问题，学生都可以在思维导图中快速地找到答案。在问题解决之后，教师可以给学生布置写作任务，让学生结合所学的知识，仿照文章的写作思路，选择我国的一个重要节日进行描写，鼓励学生创造性地完成任务，将作品分享出来，相互点评、反思，再修改完善。此时，学生可以根据自己的理解，创造性地完成写作任务，在实践中获得创新创造能力的提升，实现高阶思维品质的生成。

总之，高阶思维品质的培养是保障学生学科核心素养生成的重要因素之一。通过高阶思维品质的培养，可以促进小学生在英语阅读学习中获得思维能力的锻炼，使学生从机械的学习状态、浅层的思维模式中摆脱出来，提升小学生的英语学习整体质量。那么在本书中，会在小学英语阅读的各个环节中去阐释如何培养学生的思维品质，提高其思维品质，更全面有效地落实"双减"政策以及新课改的要求。

参 考 文 献

[1] 范美华. 在英语阅读教学中发展学生的高阶思维 [J]. 江西教育，
    2022 (9)：82 - 83.
[2] 王桂英. 基于高阶思维能力培养的小学英语阅读教学策略研究
    [J]. 教师，2021 (7)：39 - 40.

第二章

引导读前预测，培养观察能力

线毅菲

观点聚焦

在我国古代的经典论著《论语》中记载着孔子所说的这样一句话："学而不思则罔，思而不学则殆。"可见，千古以来的教育家都对学习活动中的思维培养给予了高度的重视，无论在教育家阐述个人观点还是开展育人与育智的活动时，都将思维的培养放在了学习活动中的首要位置。因此，在当下的课堂教学设计与实施中，作为教师也应当注意设计思维参与度高的教学活动。必须有思维的高度参与，包含高质量的思维训练设计，才能被称为有效的教学活动，学生才能够从中获益，可以说，思维培养是学生学习活动的内核，没有思维培养的学习活动只是对知识外在的复制和临摹，而缺少内在的灵魂传递。在实际操作层面，教学活动中有了思维参与才能够具有丰富性、趣味性、创造性和独特性，在实施中才能够最大限度地促进学生英语学科核心素养的发展与提升。

在英语学科的阅读教学中发展学生的思维品质，就是要通过引导他们观察语言与文化现象，分析和比较其中的异同，归纳语言及语篇特点，辨识语言形式和语篇结构的功能，分析和评价语篇所承载的观点、态度、情感和意图等，帮助其学会观察、比较、分析、推断、归纳、建构、辨识、评价、创新等，增强其思维的逻辑性、批判性和创造性，提高其思维品质。培养学生思维品质的教学活动包括课堂提问、讨论、解释、分析、解决问题等。学生以主题意义探究为目的，以语篇为载体，在理解和表达的语言实践活动中，融合知识学习和技能发展，通过感知、预测、获取、分析、概括、比较、评价、创新等思维活动，构建结构化知识，在分析问题和解决问题的过程中发展思维品质，形成文化理解，塑造正确的人生观和价值观，促进英语学科核心素养的形成和发展（王蔷，2015）。

在本章中，着重介绍的是预测活动在阅读教学中的意义与作用。《牛津高阶辞典》中关于 Predict 的解释为："say or estimate that（a specified thing）will happen in the future or will be a consequence of something."在现实的教学活动中，教师们大多认为预测是指在掌握现有信息的基础上，依照一定的方法和规律对未来的事情进行测算，以预先了解事情发展的过程与结果。因此，预测的行为与活动常常会发生在阅读教学的读前活动中，学生结合自己的实际生活经验和语言水平进行合理的推断和猜想。

一、读前预测的优势与目的

在教学中不断尝试读前预测活动能够培养学生掌握多元化的阅读策略，形成稳定的学习习惯，固化有益的思维模式，并将优势转化到英语学习的每个侧面。

著名学者聂震宁先生在他的《阅读力》一书中明确指出：一名好的阅读者是能够有意识地在阅读中使用联结、提问、图像化、确定重点、推测、分析、综合、监控理解等策略，从而与文本进行互动，更深刻地理解文本内涵（聂震宁，2017）。

阅读策略是指读者在阅读过程中根据任务、目标以及阅读材料的特点等因素而选用的能帮助读者进行有效阅读的规则或技巧（蒋军晶、刘双双，2019）。很多国家的英语教学都关注阅读策略的系统培养与渗透。《英国国家课程》的阅读目标就指出，"要使学生能采用适合于目的和读物的阅读方法"，如在学习的关键阶段关注培养学生学会利用文章的语境来把握大意，通过重复阅读同类型、同题材文章来培养语感等。此外，英国的一些教材中所使用的文本都指向培养学生的阅读策略能力。例如，尼尔森的《聚焦阅读》英语系列丛书中绝大部分是通过提出不同层次的问题循序渐进地培养学生推论、评价以及演绎等策略能力。整个单元基于"思考与预测—呈现与教授—回顾与反思—思考—拓展与思考"这一框架，引导学生掌握阅读方法与技巧，并培养学生综合运用知识的能力。

预测与观察是阅读策略中的重要组成部分，也是思维品质的重要组成部分，《义务教育英语课程标准（2022年版）》（以下简称《课标》）

对思维品质的基本内涵做出了界定："思维品质指人的思维个性特征，反映学生在理解、分析、比较、推断、批判、评价、创造等方面的层次和水平。"《课标》将"思维品质"细化为三个子维度，即观察与辨析、归纳与推断、批判与创新，并结合学段授课对象的基本特征对分设目标进行了详细、系统的描述。具体到归纳与推断方面的要求如下表所示。

表现	3~4年级/一级	5~6年级/二级	7~9年级/三级
归纳与推断	能根据图片或关键词，归纳语篇的重要信息；能就语篇信息或观点初步形成自己的想法和意见；能根据标题、图片、语篇信息或个人经验等进行预测	能识别、提炼、概括语篇的关键信息、主要内容、主题意义和观点；能就语篇的主题意义和观点做出正确的理解和判断；能根据语篇推断作者的态度和观点	能提取、整理、概括稍长语篇的关键信息、主要内容、思想和观点，判断各种信息的异同和关联；能根据语篇推断人物的心理、行为动机等，推断信息之间简单的逻辑关系；能从不同角度解读语篇，推断语篇的深层含义，做出正确的价值判断

由此可见，结合学习内容开展的有效预测以及能够合理推断都是学生在义务教育小学阶段必备的重要能力。在三四年级的教学中就应当能够根据标题、图片、语篇信息或个人经验进行预测，而在五六年级的教学中应当注意此类能力的进阶性，着重培养学生在思维层面与作者进行积极的良性互动，使学生能够根据语篇推断作者的态度和观点，概况主旨思想，并尝试从不同角度论证、反驳作者的基本观点。不仅如此，作为英语教学工作者还要学会从学科纵深发展的角度考量自己的教学行为，如何能够培养学生在七到九年级的时候达成《课标》所要求的三级目标中，助力学生形成"根据语篇推断任务的心理、行为动机等，推断信息之间简单的逻辑关系"；能够"从不同角度解读语篇，推断语篇的深层含义，做出正确的价值判断"，也需要教师在阅读教学中开展有效的预测活动。落实《课标》中所倡导的基本理念和重要思想，培养学生的思维品质、逻辑思维、辩证思维和创新思维。

作为义务教育阶段的必要学习内容，在教学和测试评价中都会包含不同类型的阅读语篇。语篇类型既包括连续性文本，如对话、访谈、记叙文、说明文、应用文、议论文、歌曲、歌谣、韵文等，也包括非连续性文本，如图表、图示、网页、广告等。语篇类型也可分为口语与书面语等形式，还可分为文字、音频、视频、数码等模态。作为教学的有机组成部分，不同类型的阅读语篇经常会出现在单元教学整体设计中的不同位置，并承载着不同的作用。我们可以结合不同语篇的特点开展有针对性的预测与观察活动。依据英语学习活动观中所提及的三个层次，在单元设计中也应当关注学习理解、实践应用和迁移创新的不同功能。

二、在单元学习理解阶段的语篇阅读教学中开展读前预测

在单元整体教学设计的学习理解阶段往往会使用教材内提供的文本和语篇，在走入教室开展阅读教学前，教师们都要做到有备而来，首先应当在课前做好文本分析，从更为科学全面的视角纵览本单元的语篇的概况，依据教材中编者的意图和《课标》要求，分清文本类型，找准语言重点，明确文化内涵，厘清思维价值，才能够做到在教学中有的放矢，培养观察能力。

三、在单元迁移创新阶段的绘本阅读教学中开展读前预测

绘本（Picture Book）作为启发学生思维的载体被广泛地应用在教育教学的不同场域之中，由于其内容和形式的特性受到许多学龄儿童、教师及家长的喜爱，时至今日，经久不衰。绘本在通常情况下指的是文字与图画相辅相成的图画故事书。绘本通过绘画和文字两种媒介在不同维度上的交织互动，共同叙述一个故事，表达特定的情感，传递特殊的信息，展现鲜明的主题。许多教育工作者也乐于在教学中使用绘本作为阅读教学的基本素材，用以辅助学生获得更为完整的阅读体验，提升阅读的技能，形成阅读素养。在小学阶段的英语阅读教学中，广大一线教师对绘本有着独特的偏爱，经常会把绘本作为"桥梁读物"（Early Chapter Book），辅助学生在阅读教学中，形成和发展基于学生核心素养的英语学科必备品格和必备能力。

绘本作为阅读教学中的基本素材，应当关注其每个要素，无论图片还是文字都是必不可少的，图片和文字都有其存在的价值。图片不再是

文字的点缀存在绘本中，而是图书情节推进和延展的根基。聚焦到现阶段英语绘本阅读教学中经常使用到的素材，从结构上讲，英语教学绘本通常包括的基本组成部分有封面、扉页、正文和封底。

在单元整体教学设计的迁移创新阶段选用的绘本必须注重它与整个单元主题的契合程度，从内容上、语境上、语言上、文化上、思维上具有一定的延展性和挑战性，这样的绘本才适合作为学生的学材，利于学生在读前的预测环节中更为合理有效地整合绘本中所包含的基本资源和素材，能够更好地培养学生的观察能力。具体到做法，可以尝试以下途径。

（一）聚焦非文本信息，合理预测绘本内容

绘本中的"绘"即为图片、插图，都属于非文本信息的范畴，在读图中培养学生的预测与观察能力将从多元化角度启发学生感受绘本的魅力，学习语言知识。绘本的封面总会以一张图片的形式向读者展开绘本的主要内容，此时，教师可以以绘本封面中的一个主要人物为切入点尝试开展小组内的预测活动，也可以从整体的情境出发，请学生结合自己在这一情境中的相关生活经验开始研讨故事中的主要内容，还可以通过给封面中的主要人物设计对话或旁白的方式展开对绘本内容的联想，对话的创编应当依据主要人物的职业特征、年龄阶段、表情体态等方面的因素，合理预测，适度联想。

（二）聚焦题目信息，有效预测绘本主题

很多绘本的题目会传递出大量的关键信息，包括绘本中的主要人物姓名、故事中人物之间的主要关系、故事的育人价值等，因此在初次接触绘本的题目时，教师也应该以其中的关键词或者整个题目为抓手，渗透预测策略。有时，题目中的关键词就可以引发学生的深度思考，结合这一关键词做出联想。有时，题目中的每个词语都会给学生带来不同的第一印象，并联想到生活场景中的相关内容，此时，教师可以采用结构化的思维工具表示题目中各个要素之间的逻辑联系，并进行适度的预测。

（三）聚焦出版信息，重点预测绘本语言

这里所说的绘本基本信息，包括图书封面上的作者及插图信息、作为分级读物的级别信息，还有在扉页信息中的绘本出版时间、再版次数和文字量，以及在封底出现的名家推荐、故事梗概等信息，对绘本的语言进行合理的预测，做到在学习绘本之前"心里有数"。有些著名的绘本作者和插图绘制者会结合某一主题内容创作一系列的趣味绘本，学生可以依据对作者和绘制者的了解来预测本次学习的绘本中会出现的人物性格和故事概况。有些经典绘本会不停地再版，作者会结合当下时代内容进行修订，完善绘本中的情节与语言，与时代的发展相匹配。新的版本和旧的版本之间是否存在差异、是否有一脉相承的内容，都是值得学生在学习绘本前研究的主要内容。有些系列绘本会依据读者的年龄和词汇量做出分级并给出相应的学习建议，在学习绘本前，学生可以依据这些信息预判绘本中语言的难易程度，并选择自己适合的学习内容作为单元学习拓展阶段的有益补充。

【教学案例】

外研版《新标准小学英语》
四年级（上）Module 1　单元整体教学设计

教授年级：四年级（一年级起点）

单元整体分析

文本分析：

【What】主题意义和主要内容

本次教学内容选自外研版《新标准小学英语》四年级上册 Module 1，本模块共包括两个单元。Unit 1 的 Listen，point and find out "was，were" 板块为本课的主体教学内容。在这一文本中小主人公 Lingling 偶遇正在阅读朋友来信的 Amy。Amy 兴奋地将小伙伴 Lucy 的来信与 Lingling 进行分享。信件的主要内容为书写信件时伦敦的天气和气候，以及 Lucy 生日聚会的情景，同时信件中 Lucy 介绍了自己的新朋友 Zara。最后，Lucy 对 Amy 的回信表示期待。在 Unit 2 第二课时 Listen and say 板块为本课的主体内容。在这一板块中，Amy 给 Lucy 写了回信。在信件中，Amy 首先礼貌地为 Lucy 送上了生日的祝福，并结合与之"生日"话题相关的"年龄"信息进行了简述。同时还描述了北京的天气和气候情况，并介绍了自己的新朋友 Mengmeng 和与 Mengmeng 共同游览长城的经历。两个单元的主题课文文本从内容上分析具有连续性，彼此呼应，展现了小主人公的日常生活，属于人与社会大主题中的社会服务与人际沟通子主题，关于"同伴交往，相互尊重，友好互助"。

【Why】写作意图

作为四年级开学的第一个模块，本次教学内容承载着多重含义。首先，"朋友"这个话题对于学生来说非常熟悉，能够很好地引起学生共鸣，同时能激发学生表达的欲望。两封信件旨在引领学生更为深刻地认识"朋友"的含义，传达朋友间的相处方式，让学生在日常生活中，注重与朋友的交流方式。同时引发学生树立"主动结识新朋友，不能忘却老朋友"的意识，学会交友，珍视友谊。其次，从语言学习的角度讲，本模块主要用以复现 be 动词的过去式和相关用法，为本学期后续的深入学习夯实基础。

【How】文本结构和语言修辞

两个课时的主题课文都采用书信作为呈现形式，结构清晰，内容生动，语言简洁。文中运用一般过去时，向朋友描述自己的经历。以信件载体，丰富文本类型，传递标准的信件格式，即英语书信中应包括的信头、称呼、正文、结束语的内容。

学情分析

语言能力：

本次教学设计的实施对象是四年级的在校生，经过三年多的英语学习，大部分学生能够对自己的朋友进行四五个句子的简单介绍，其中涉及姓名、年龄、性别、兴趣、爱好等方面。经过三年级下册的 Module 9、Module 10 的学习，学生对一般过去时有一定了解与认识，但是在时态方面对一般过去时的系统学习确是比较缺乏的，大多数学生只能用一般现在时和现在进行时描述当下的生活，对一般过去时的接触较少。

思维能力及文化积累：

作为融入社会化生活已经有七年的学生来说，对于"朋友"这一日常生活和学习中的关键他人已经有了足够的了解和认识，绝大部分同学乐于交友，珍视友谊，注重平时与朋友之间的相处方式和交往方式，但是由于日常通信方式的变化和发展，朋友之间鲜少通过文字的方式彼此交流、相互沟通，所以对于书信的接触也比较少。

单元教学设计框架

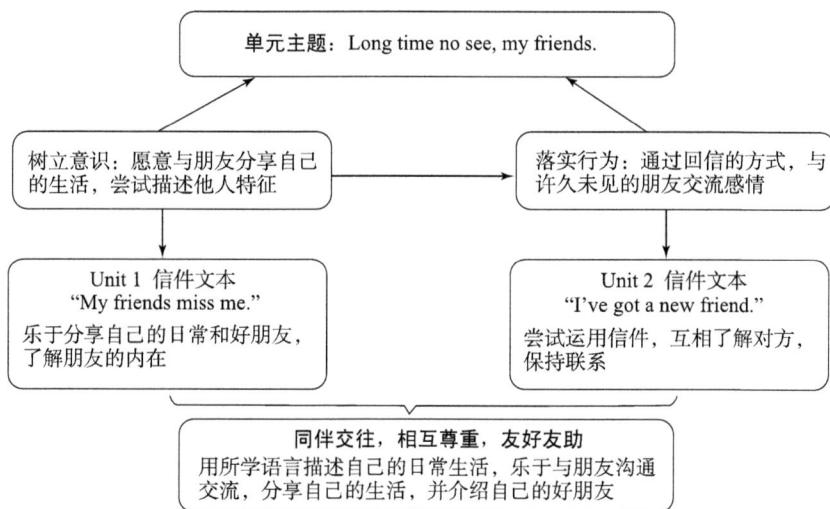

```
┌──────────────────────────────────────────┐
│      单元主题：Long time no see, my friends.    │
└──────────────────────────────────────────┘
```

```
┌─────────────────────────┐        ┌─────────────────────────┐
│ 树立意识：愿意与朋友分享自己   │        │ 落实行为：通过回信的方式，与  │
│ 的生活，尝试描述他人特征     │        │ 许久未见的朋友交流感情       │
└─────────────────────────┘        └─────────────────────────┘

┌─────────────────────────┐        ┌─────────────────────────┐
│   Unit 1  信件文本          │        │   Unit 2  信件文本          │
│  "My friends miss me."     │        │  "I've got a new friend."  │
│ 乐于分享自己的日常和好朋友，  │        │ 尝试运用信件，互相了解对方，  │
│ 了解朋友的内在             │        │ 保持联系                  │
└─────────────────────────┘        └─────────────────────────┘
```

```
┌──────────────────────────────────────────┐
│      同伴交往，相互尊重，友好友助             │
│ 用所学语言描述自己的日常生活，乐于与朋友沟通    │
│ 交流，分享自己的生活，并介绍自己的好朋友        │
└──────────────────────────────────────────┘
```

课时教学目标

经过本课学习，学生能够：

①理解并熟练朗读课文内容，听辨、认读语境词汇 dear，well，of，soon，tell，love，was，were，Buckingham Palace 等，并在语境中尝试运用；

②知道 be 动词有一般过去式 was，were，并恰当地使用它们描述过去的经历；

③初步了解英文书信的基本格式，并在语境中参与回信，回应文本；

④认识朋友的重要性，使用多种方法和朋友进行沟通。

教学重难点

难点：使用 be 动词的过去式 was，were 描述表达过去的状态。

重点：运用书信格式，理解课文主要内容，尝试复述故事。

教学过程

Warming up 创设情境：头脑风暴

新学期开学，学生还未完全进入学习状态，所以结合学生的实际情况进行一个简单的沟通对话，能提升学生对英语学习的热情，同时也让学生逐步适应英语课堂的环境。以暑期生活为入手点，让学生通过分享自己的暑期生活，吸引同学的注意力，激发学生分享的欲望。同时，分享暑期生活需要运用一般过去时，这也让学生回顾旧知，并为本学期的语法学习做铺垫。

活动1：Lead in the topic

It's a new term. Long time no see with teachers and your friends. How about your summer vocation? How did you feel in these days? Where did you go?

利用暑期生活话题，引导学生回顾自己的假期生活，尝试用旧知识进行描述，同时引出本模块的主题内容 Long time no see，my friends。在交流过程中，提供一些地点词、活动词帮助学生进行分享，如 I went to the amusement park，there is/are...

活动2：Present "Listen，point and say"（Activity 1）

Look at the picture. It's the first day of the new term. What happened to piggy?

Little pig is forgetful. He forgets many things. How about us and our friends? Let's take a look.

教师引导学生通过观察图片内容，预测小猪新学期发生了什么事情，为后续的信件文本内容预测做铺垫。

设计意图：通过热身阶段的学习及交流，首先让学生表达一段时间未能和朋友见面的思念之情。其次通过图片预测的方式，让学生了解预测的意义、如何预测以及预测时该考虑哪些因素。由简单的图片预测为后续文本预测打好基础，让学生逐步适应，学会在不同文体中的预测。

Before reading：主题导入：引发思考

在阅读文本前，结合课文图片猜测故事的发展。经过了解课文发生的背景，为后续的预测推理做铺垫。

活动1：Look and say 看图初步认识故事背景

Who are they? Where are they? It's a new term. Do they still remember each other? Of course. They miss each other，because they are friends.

结合学生熟悉的人物，让学生快速进入课文状态。在许久未见的朋友的设定下，学生可以更好地了解主题，引发共鸣。

活动2：结合图片，小组提问预测

（1）预测 Amy 收到的文本形式

Look，what's in Amy's hand?

在图片的帮助下，四人小组活动进行预测：手里拿的照片？明信片？书？信？研讨后进行交流汇报，老师追问 How do you know that? 引导学生进一步观察图片信息，提取信息。最后老师进行归纳：从图片进行预测的 When we miss friends, we can write to them。

（2）结合人物背景，小组预测写信人

Amy and her family moved to China. In the UK, many people miss Amy. Who sent the letter to her? Please discuss with your group.

四人小组活动进行写信人预测：爷爷奶奶？朋友？研讨后进行交流汇报。

（3）运用已学语言，小组预测信件内容

Who wrote this letter? What is about? If you were Amy's grandparents, what will you write to her? If you were Amy's friends, what will you write to her?

小组选择角色进行小组展示。汇报后，小组内预测信件内容，运用简单单词进行描述。教师将学生预测的内容粘贴到黑板上。

活动 3：观察信件图片，再次预测写信人及内容

Look at the picture. What can you find? Please talk in your group, the writer and the context of the letter. In the photo, what can you see? Where are they? What are they doing? What do you think?

呈现信件中的图片，学生预测到底是谁写的信。结合照片中的人物，四人小组再次预测信件中的内容。同时引导学生关注照片中的蛋糕、家人的活动等。将学生预测的内容记录在纸上，用投影仪展示出来。

设计意图：结合 Amy 收到一封信的情景，在头脑风暴的帮助下，让学生开动脑筋、发挥想象，激发学生的好奇心。在图片的帮助下，让学生获取更多的信息，同时进行更有依据的预测。让学生结合图片、情景信息综合预测，让他们更好地融入课文中。同时依照学生的预测，追问回顾过往学习的基本句型和内容，复习梳理旧知，夯实基础。

While Reading 阅读文本：判断信息

活动 1：呈现信件文本，验证预测

Look, here is the letter and we can check our predictions, together. Come on!

请学生阅读语篇后结合之前投影展示的预测进行判断。教师对学生的预测进行验证。按照学生预测内容的顺序进行判断，同时让学生找到自己预测的内容在原文中的出处。

活动2：按照信件的结构，分部分处理语篇

结合英文信件格式，带领学生提炼文本的基本结构并进行板书。

设计意图：通过前期的预测，学生对信件的内容及写信人已经有了一定的预判。结合文本的信息，运用阅读方法让学生找到答案，判断自己的预测是否准确。利用文本阅读的方式，训练学生自主阅读、提取信息、判断语句等多方面能力。

After Reading 内容回顾：练习语言

在读后环节，应当整合好语言知识和阅读能力以及思维品质、文化意识等方面。同时将语音、情节和技能融为一体，促进学生核心素养的协同发展。

活动1：跟读模仿，朗读练习

（1）跟读模仿

运用课文的动画，学生集体观看课文内容，同时模仿语音语调进行跟读。在阅读的过程中，纠正易错单词发音，一个一个跟读。

（2）小组朗读

学生组内朗读课文。找个别组展示。

活动2：填空补充，回顾课文

利用 Oops 撕纸的特效声音，吸引学生注意，同时利用图片图像、文字音频引出 Amy 的小弟弟 Tom 不小心把信件撕了，其中少了一些关键信息，请学生来进行词语挖空的填写。回顾课文内容的同时，复习 be 动词的过去式。

活动3：回扣主题，引发思考

Amy's friend misses her very much, so she wrote to her. We can follow the same structure to write letters to our friends, too.

呈现 Practice 板块中 Amy 的生活照片，Amy also wants to write to Lucy. There is a e – photo album. We can enjoy it together and think about the question. What should Amy write back to Lucy? 四人小组讨论预测 Amy 回信中的内容。

设计意图：模仿跟读、小组朗读、填空复述，在多种形式的练习下，加深学生对单词的记忆、对句子结构的掌握，同时熟悉课文内容。利用本模块的主题及子主题，让学生尝试使用信件文本格式，表达自己对朋友的想念。

Post Reading：巩固运用

活动 1：交流汇报

小组分享回信的内容。

活动 2：布置作业

将学生想了解的 Lucy 的信息和想介绍的 Amy 的信息写成回信，下节课分享。

设计意图：运用信件结构以及结合 Lucy 的信件信息，运用一般过去时进行书写，表达朋友之间的想念。同时为 Module1 Unit 2 的信件内容做铺垫，结合学生书写的内容与 Amy 写的信件内容进行对比阅读。

教学评析

（1）运用读前文本预测，引导学生积极思考

作为开学第一课，教师应激发学生对英语学习的热情。利用话题的预测、头脑风暴，有效帮助学生复习巩固已学句型结构，引导学生回顾旧知识。由学生熟悉的场景入手进行预测，到后面的图片预测再到对文本的预测，让学生逐步习惯预测内容，引导其积极思考，发散自己的思维。学生为主体，在小组讨论、分享中，表达自己的想法。

（2）以学生为主体，发散学生思维

随着时代的变化，教学理念快速更新。教师应把课堂还给学生，以学生为主体设计相应的教学活动，帮助引导学生，做学生的引路人。在头脑风暴、预测猜测、小组讨论、分享合作等多种形式下，发散学生思维，激发学生的学习兴趣，培养学生的思维能力。在活动中，注重培养学生的合作意识。同时在教学活动中，促进学生英语学科核心素养的培养。

参 考 文 献

［1］王蔷．从综合语言运用能力到英语学科核心素养［J］.英语教师，2015，6 - 7.

［2］蒋军晶，刘双双．如何设计阅读单：让孩子成为阅读高手［M］.北京：中国人民大学出版社，2019.

［3］中华人民共和国教育部．义务教育阶段英语学科课程标准（2022 年版）［S］.北京：北京师范大学出版社，2022.

第三章

探究语言现象，培养比较能力

董　然

观点聚焦

《义务教育英语课程标准（2022年版）》中提出，培养思维品质是英语课程目标的重要组成之一。思维是人脑对客观现实概括的和间接的认识过程，反映的是客观事物的本质及其规律性联系，它是在感知基础上实现的理性认识形式，是人类认识的高级阶段。语言是思维的工具，思维可以用语言来表达。思维能力的训练有很多种类。

在我国的英语教学中，大部分英语教师把很大的教学比重放在了锻炼学生的收敛性思维能力上，比如：机械的句型操练、强调背记和翻译单词及课文。这种训练方式虽有一定的成效，但略显僵硬和机械，也有可能降低学生学习英语的积极性和兴趣。即使有些教师想要提升学生发散性思维而让学生在课堂上进行表演，但由于学生的思维长期受到局限，往往只是木讷地背书，简单地套用句型、套用对话或模仿写作。这种训练方式不利于调动学生的学习积极性，也限制了学生内在潜力的发挥，不利于培养学生的创造性思维。我国的现代教育要求每一位英语教师在自己的教学实践中能做到让学生从"学会"到"会学"；既要启迪学生的思维、发展其智力、培养其能力，又要使学生会学习、会思考、会创造。要达到这一目的，教师就必须充分利用好每个教学课时，尽量优化学生的思维品质，努力培养其敏捷、灵活、开阔、独特的思维能力和创造能力。同时，优化学生的思维品质也有利于提高课堂英语教学的质量，并达到预期的教学效果。

思维品质是指人的思维个性特征，反映学生在理解、分析、比较、推断、批判、评价、创造等方面的层次和水平。通过提升思维品质，学生能够初步地从多角度观察和认识世界、看待事物、有理有据、有条理地表达观点；逐步发展逻辑思维、辩证思维和创新思维，使思维体现一定的敏捷性、灵活性、创造性、批判性和深刻性。

　　本章将在阅读教学中通过让学生聚焦于运用说、读、看、写等语言技能和学习策略来提升学生的比较能力。比较能力是指思维活动中确定事物之间相同点和不同点的能力。俄国教育家乌申斯基认为，比较是一切理解和一切思维的基础，我们正是通过比较来了解世界上的一切的，而且比较给我们带来了思想。比较往往是按一定的依据来进行，也只有当两事物有一定类似之处时才能进行比较。没有任何共同之处的东西之间是无法进行比较的。比较是在分析与综合的基础上进行的，经过分析、综合与比较，为儿童思维的抽象性与概括性的发展打下基础。因此，不同年龄阶段比较能力的发展反映了相应的儿童思维能力的发展。

　　语言技能分理解性技能和表达性机能，具体包括听、说、读、看、写等方面的技能及其综合运用。听、读、看是理解性技能，说、写是表达性技能。语言技能中的"看"通常指利用多模态语篇中的图形、表格、动画、符号，以及视频等理解意义的技能。"看"也是在阅读中培养比较能力最重要的技能之一。学生可以在听、读、看的过程中有目的地提取、梳理所需信息，推断多模态语篇中的画面、图像、声音、色彩等传达的意义。教师可以通过提高学生此类理解性技能从而提高学生的比较能力。

　　学习策略主要包括元认知策略、认知策略、交际策略、情感管理策略等。其中，认知策略有助于学生采用适宜的学习方式、方法和技术加工语言信息，提高学习效率，也是提高比较能力最为重要的学习策略。认知策略中要求学生可以借助图表、思维导图等工具归纳、整理所学内容。归纳总结后更有助于学生将获取到的信息进行比较，从而锻炼学生的比较能力。

　　比较能力是英语学习中重要的能力之一。《课标》中把它划分到思维品质下的观察与辨析这个类别中，除此之外，思维品质还包含归纳与推断和批判与创新两个大类。关于观察与辨析这方面的学段目标见下表。

表现	3~4年级/一级	5~6年级/二级	7~9年级/三级
观察与辨析	能通过对图片、具体现象和事物的观察获取信息，了解不同事物的特点，辅助对语篇意义的理解；能注意到不同的人看待问题是有差异的；能从不同角度观察周围的人与事	能对获取的语篇信息进行简单的分类和对比，加深对语篇意义的理解；能比较语篇中的人物、行为、事物或观点间的相似性和差异性，并做出正确的价值判断；能从不同角度辩证地看待事物，学会换位思考	能发现语篇中事件的发展和变化，辨识信息之间的相关性，把握语篇的整体意义；能辨识语篇中的衔接手段，判断句子之间、段落之间的逻辑关系；能发现同类型语篇的相似之处和不同类型语篇的结构特征；能多角度、辩证地看待事物和分析问题

从表中可知，每个学段对学生比较能力的要求是逐渐变高的，一级要求学生能通过观察事物了解不同事物的特点，认识到不同的人看待相同的问题是有差异的，从不同角度去观察周围的人和事。二级要求学生能够对获取到的信息进行简单的分类与对比，能比较语篇中的人物、行为、事物或观点间的相似性和差异性，并做出正确的价值判断，能够从不同角度辩证思考，二级第一次明确出现"比较"二字，表明一级需要学生为掌握比较能力做铺垫，二级则需要学生掌握简单的比较能力。三级要求学生能够发现同类型语篇的相似之处和不同类型语篇的结构特征。这要求学生要有大量的阅读量并且能把多篇文本一起整合和比较的能力，是对学生比较能力极高的要求，这也说明了我们要在小学阶段通过不同的方式方法来最大限度地提升和锻炼学生的比较能力，才能让学生在后续的学习中能够充分发挥自己的能力，提高个人的思维品质。

关于阅读的语篇，《课标》指出语篇类型既包括连续性文本，如对话、访谈、记叙文、说明文、应用文、议论文、歌曲、歌谣、韵文等，也包括非连续性文本，如图表、图示、网页、广告等。语篇类型也可分为口语与书面语等形式，还可分为文字、音频、视频、数码等模态（教育部，2022）。也强调了语篇在英语教学中的重要性。关于学习理解类活动，教师把握感知与注意、获取与梳理、概括与整合等基于语篇看的学习活动的要求；关于应用实践类活动，教师要把握描述与阐释、分析与判断、内化与运用等深入语篇的学习活动的要求；关于迁移创新类活动，教师要把握推理与论证、批判与评价、想象与创造等超越语篇的学习活动的要求。教师要有意识地为学生创设主动参与和探究主题意义的情境和空间，让学生积极思考，主动建构知识，提高学生的思维品质。

教师可以通过以下几个方面在阅读教学中培养学生的比较能力：

1. 设置开放性问题，锻炼学生发散性思维和创新性思维

在英语教学中，教师习惯于设置与"yes or no"相似类型的问题让学生解决，学生的回答往往只有一个或者一种方向，这会在某些方面帮助学生理解教学内容。但要想培养学生的比较能力，就要在教学过程中设置开放性问题，让学生能够在回答这类问题的时候锻炼他们的发散性思维和创新性思维表，引导学生通过比较，选择更好的方式方法来解决问题。要想达成这个目标，教师可以引导学生通过比较来获取信息，也可以鼓励学生表达他们的想法，而后通过比较选择出更好、更合理的想法。

2. 教学过程中有针对性地渗透比较练习

比较是在观察事物的基础上，寻找事物间的不同点和共同点，然后对相同点和不同点进行分析总结。首先教师要让学生了解比较的对象是什么、比较的目的是什么、通过比较能够获取到什么。其次，教师还可以精选结构化的材料，有结构性的材料让学生更容易也更有兴趣去比较，有助于提高学生的比较能力。掌握比较的方法会促进比较习惯的养成。只有教师坚持指导，将比较多多渗透在教学过程中，有针对性地进行训练，学生才有可能很好地掌握比较的方法，提升思维能力。

3. 利用多种方式激励学生比较活动

观察比较之后，更重要的是让学生发现文本结构不同、人物性格不同、主题意义不同等，让学生能够通过比较更加深刻地理解文本、总结和归纳文本。想要达成这个目标就要多为学生提供比较和归纳的活动，通过利用各种各样的产出方式来激励学生去比较，例如让学生根据文本绘制简单的表格、思维导图等来疏通和理解文本。

4. 通过群文阅读提高学生比较能力

群文阅读是指在有限的课堂时间内进行的一种多篇文本阅读的新的阅读课堂教学模式。即"依照学生当下与未来社会生活认知的思想教育和阅读知能训练的重点需求，确定一个或多个议题，并针对议题选择一组内容、形式特点，或思想、表达特色与议题相关相应、鲜明多彩的文章，在教师的导引下，师生围绕议题展开共同阅读、议论和集体建构，帮助学生增加同一议题的阅读量，通过这种多层面、多视角较为全面的读议实践，达成一定的共同认知，提升阅读力和思考力的阅读教学过程"（许双全、管窥，2014）。教师可以为学生提供主题意义相近、难度符合学情的文本让学生进行对比阅读，引导他们从具有同一性的内容中寻找差异。在课前还可以设置预习部分文本的环节以让学生更加容易理解文本，借此提高学生对文章的理解水平，培养学生的比较能力，提高学生的思维品质。

【课例呈现】

朱浦提出单元整体教学设计是指"教师以教材单元为整体所开展的一种系统化、科学化的教学设计，具体包括在单元教材教法分析的基础上，依据学生的情况和特点，确立单元教学目标，开展单元学习活动，设计并实施单元作业，形成单元评价，并提供配套单元教学资源等一系列教学设计过程"。因此，单元整体教学设计就是以单元为整体，统筹考虑教学目标、教学内容、教学过程及评价方式的教学，以期获得整体大于部分之和的效果。

人教（精通版）英语四年级上册 Unit 4 单元整体教学设计

文本解读

本单元标题为"How is the weather today?"，共分为六个课时，前五个课时为新授课，最后一课为单元复习课。前五个课时的学习主要涉及两个层面的内容。

一是不同的天气状况，二是不同的天气状况下人们的出行活动、饮食及服饰穿搭，即天气对人们生活的影响。通过对本单元文本内容的分析，发现编者想要引导学生了解不同的天气，了解不同的天气对人们活动、饮食、服饰等生活方面的影响，感受大自然的神奇，感受不同天气给人们生活带来的乐趣。

学情分析

在语言知识储备上，通过对已学教材的分析发现，学生已经接触过不少描述食物、饮品、服饰、活动类的词汇，另外，对于本单元要学习的核心词汇 fine、nice 也有所接触。因此，学生已有的知识储备对于开展天气话题的学习非常有帮助。

在学习兴趣方面，四年级学生的思维模式开始出现一些转变，从具体形象思维向抽象逻辑思维过渡。但尽管如此，相比于文字信息，他们更喜欢色彩丰富的图片、图文并茂的视频。在生活经验方面，大部分学生能够感知不同的天气，能根据天气状况增减衣物、合理安排自己的出行活动、饮食等，但也有部分学生并不是非常关心天气状况，由此可能会影响到自身的生活。

基于全面的文本解读与学情分析，可将本单元主题意义提炼为："Colorful weather, colorful life!"（多彩的天气，多彩的生活！）意在期望通过本单元的学习，学生不但能够掌握关于"天气"话题的语言知识，更能从不同的方面体验天气给人们生活带来的影响，能感受美好的天气给人们生活带来的乐趣，进而更加热爱大自然、热爱生活。

Colorful weather, colorful life!		
Period 1	Weather in different cities	了解不同的天气，感受大自然的神奇
Period 2	Activities in different weather	学习不同天气下人们的活动，体会天气给人们生活带来的乐趣
Period 3	Clothes for different weather	学习不同天气下人们的着装，进一步感受天气给人们生活带来的乐趣
Period 4	The four seasons in Tianjin	介绍天津一年四季的天气特点，及相适宜的活动与服饰穿搭。由此增进对大自然、对家乡、对生活的了解与热爱

第一课时"The weather in different cities"的文本内容是整合了本单元中所有关于天气的词汇，并将其统一放到收听天气预报的语境中呈现给学生。这样可以将本来零散的天气词汇教学融入收看天气预报这样一个较为真实的生活情境中，使学生对各种不同的天气有整体的感知，也能为后面学习不同天气对人们生活的影响打下基础。

第二课时聚焦不同天气下人们的活动，是将分散于原教材五课时的各种活动统一到本课来学习。在第一部分 Look and say 环节，引用了一篇原教材的文本，并对其做了一定的改编。首先是在目前住在深圳的主人

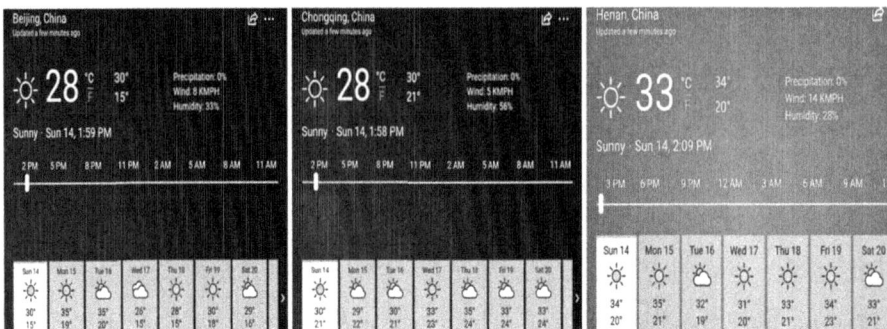

sunny	cloudy	windy	rainy	snowy
fine/nice	hot	warm	cool	cold
How's the weather today(in)…? It's….				

公 Gao Wei 提出 "It's hot today. Shall we go swimming?" 之前，引入了一张 "深圳气温" 的手机截图来告知学生深圳当时的天气。手机截图的引入，可以使对话情景更为真实、更有情境性，也因为它贴合学生的生活更容易调动学生的学习热情和学习兴趣。第二部分主要为通过手机查询不同城市的天气情况，进而学习不同天气可以进行的活动。为了使学生能自如表达不同天气所能进行的活动，文本除了涉及教材本就包含的六个短语：play football, play with my kite, go to the zoo, go swimming, go shopping, have some cold water, 还适当增添了 go fishing, go to the park, have some juice/ice cream/coffee 等关于活动类的短语，因为 fish, park, juice/ice cream/coffee 这些词汇的表达学生已经有所接触，因此补充这些短语会使活动话题的表达更加多元。文本如下：

Period 2 Activities in different weather

Look and say

Gao Wei：Dad, it's hot today.

Shall we go swimming?

Father：Good idea! Let's go.

Gao Wei：Mom, it's hot today.

Can I have some cold water, please?

Mother：Ok. Here you are.

Gao Wei：Thank you, Mom.

Complete and act

City	Hong Kong	Hangzhou	Xi'an	London	Toronto	...
Weather						
Activities						

a. play football   b. play with my kite

c. go to the zoo/park   d. go shopping

e. have some ice cream/juice/coffee...

第三课时聚焦不同天气下人们的穿着。本课第一部分的文本源于教材第五课时，并在其基础上进行了一定的改编。首先是将原教材的 How's the weather today? 转变为其同义句 What's the weather like today? 句型。经过前两课时的学习，学生已经可以熟练运用 How's the weather today? 句型，于是在第三课时引入它的另外一种表达方式，从而丰富询问天气状况的表达。其次是补充了适当的对话内容，使对话更贴合生活实际、更完整、更富有情感色彩。原文中 Gao Wei 因为今天是下雨天而不由得感叹 "Oh, dear"，但是对于为什么他不开心、为什么他不希望今天是下雨天，教材文本并没有给出恰当的理由，而是直接转入妈妈的话："Put on your shirt, please."于是，再构文本将其补充为："Oh, dear. We can't go to the park today."并附上妈妈的安慰："Don't be sad. We can go there next time."及 Gao Wei 的回应："Ok, it's fine."由此再构文本故事更加完整，情感也较为丰实。学生在可以相对完整的故事情境中，感受天气对人们出行活动及穿着的影响，同时学会积极主动地适应天气。本课第二部分主要学习不同衣物的表达，意在使学生能围绕天气与穿着进行更充实的表达。由于原教材只提到了 shirt 一词，并不能满足学生交流的需要，因此再构文本对其进行了补充。这些服饰当中，有一些是学生已经学过的，如：skirt，T-shirt，sweater，coat，vest。因此，对学生来说难度适中。文本如下：

Period 3 Clothes for different weather

Look and say：

Gao Wei：Mom, what's the weather like today?

Mother：It's rainy.

Gao Wei：Oh, dear! We can't go to the park.

Mother：Don't be sad. We can go there next time.

Gao Wei：Ok, it's fine.

Mother：Put on your shirt, please!

Gao Wei：Thank you, mum.

Just talk：

We wear different clothes for different weather. There are many clothes in the "Four Season Clothes Shop". Can you classify（把……分类） them?

Four Season Clothes Shop

skirt　　sweater　　vest　　coat

shirt　　T-shirt　　raincoat　　cap

jacket　　blouse　　shorts　　jeans

第四课时为综合语言实践课——介绍天津的四季，是前三课时的延续和融合，没有单独的文本。

单元总目标

语言能力：

①学生能够在谈论天气—天气与活动—天气与穿着—家乡的四季等情境中准确地理解、朗读、书写并运用核心词汇 fine, nice, warm, cool, cold, hot, sunny, cloudy, rainy, windy, snowy 描述不同的天气状况，要求语音标准，书写正确。

②学生能够在谈论天气—天气与活动—天气与穿着—家乡的四季等情境中准确地理解、朗读、书写，并运用核心句型 How's the weather today？ What's the weather like today？询问和描述不同的天气状况，要求书写内容达意，语法正确。

③能够在谈论天气与活动、天气与穿着的语境中，运用表示建议或请求功能的语句 "Let's…" "Shall we…?" "Can I have some…?" "Put on…" 进行简单交流。

④能够在谈论天气与活动、天气与穿着的语境中，理解、朗读并运用表示活动及服饰的词汇 play football，sweater 等进行交流，要求语音标准，内容达意。

⑤能够在谈论天气与穿着的语境中，理解 wear，put on 的区别。

⑥能综合运用所学语言知识给想来天津游玩的朋友介绍天津的四季。

学习能力：

①能够总结以"y"结尾的表天气的形容词，提高词汇记忆能力。

②能积极搜寻关于天气话题的视频、音频、绘本、科普读物，丰富对天气话题的认知。

思维品质：

①能够根据不同的天气情况，提出符合逻辑与情理的出行活动、饮食、穿着请求或建议。

②能够简单地谈论自己喜欢的天气及其理由，同时能理性看待与自己立场不同的观点，学会辩证地、多角度地看待问题。

文化意识：

①能够在谈论天气—天气与活动—天气与穿着—家乡的四季等情境中，感受大自然的神奇，感受不同的天气给人们生活带来的乐趣。

②能够在谈论天气（气温）的语境中，知晓华氏温度与摄氏温度的不同，形成跨文化交际的意识和能力。

③在介绍家乡四季的语境中，增进对家乡的了解和热爱。

分课时教学目标		
课时	语用任务	课时目标
Period 1	在谈论天气的语境中，借助天气预报图，口头运用核心词汇与句型简单地询问和描述不同城市的天气状况。要求内容基本达意，语音基本正确	1. 能在讨论天气的语境中正确理解和朗读核心词汇：fine，nice，warm，cool，cold，hot，sunny，cloudy，rainy，windy，snowy 2. 能听懂、读懂并尝试运用 How's the weather today（in...）？/It's...（in...）询问、描述不同城市的天气 3. 理解知晓 sunny，cloudy，rainy，windy，snowy 的构词法 4. 知晓华氏温度与摄氏温度的不同，形成跨文化交际的意识和能力 5. 能够简单地谈论自己喜欢的天气及其理由，同时能理性地看待与自己立场不同的观点，学会辩证地、多角度地看待问题
Period 2	在谈论天气与活动的语境中，通过手机查询天气、分角色表演对话、创编新对话等活动，运用核心词汇和句型以口头和书面的形式较熟练地询问、描述不同城市的天气，在此基础上进一步谈论不同天气可以开展的活动。要求内容达意，表达比较流畅，语音语法基本正确	1. 能在谈论天气与活动的语境中正确认读、拼读并抄写核心词汇 fine，nice，warm，cool，cold，hot，sunny，cloudy，rainy，windy，snowy 2. 以口头和书面的形式正能确认读、书写并熟练运用核心句型 How's the weather today（in...）？/It's...（in...）询问、描述不同城市的天气 3. 能理解、听懂表示请求或建议的语句，如 Let's.../Shall we...？/Can I have some...？并尝试提出活动建议或请求，并做出恰当的回应 4. 能理解、朗读并尝试运用表示活动的短语，如：play football，play with my kite，go to the zoo，go swimming/shopping

分课时教学目标		
课时	语用任务	课时目标
Period 3	在谈论天气与穿着的语境中，通过观看视频、猜测对话发生的季节、角色扮演、小组合作整理衣物等活动，运用核心词汇和句型的另外一种表达方式 What's the weather like（today/in...）？熟练询问、描述（四季）天气特点，在此基础上谈论不同的天气（季节）可以穿的衣服。要求内容达意，表达流畅，语音语法基本正确	1. 能在谈论天气与穿着的语境中，正确书写核心词汇 fine、nice、warm、cool、cold、hot、sunny、cloudy、rainy、windy、snowy 　　2. 能正确认读、书写并熟练运用核心句型 What's the weather like today（in...）？询问并描述天气 　　3. 能理解、听懂表示建议的语句：Put on... please. 并尝试给出穿衣建议 　　4. 能理解、朗读并尝试运用表示服饰的词汇，如：skirt、sweater、coat 等 　　5. 能理解 wear，put on 的区别，并尝试运用 We can wear... in.... 介绍不同季节适合穿的衣服
Period 4	在介绍天津四季的语境中，完成介绍卡，给想来天津求学或旅游的朋友们写一份游玩攻略，介绍天津每个季节的天气、适宜的服饰、可游玩的地方及相关的活动。要求内容完整、表达流利、拼写及语法正确	1. 能在介绍天津四季的语境中综合运用核心词汇 fine、nice、warm、cool、cold、hot、sunny、cloudy、rainy、windy、snowy 口头及书面介绍天津不同季节的天气特征 　　2. 能流利运用核心句型 How's the weather in...？/What's the weather like in...？口头及书面询问与描述天津四季的天气 　　3. 能综合运用表示服饰、活动的词汇及短语，并结合每个季节天气的特点，给出恰当的游玩建议

Unit 4 Period 1 教学过程设计：

教学目标	教学活动及方式	活动意图	认知层次	效果评价
1. 感知文本情境，引起对本课天气话题的关注	Activity 1 Lead in Watch a short video about weather forecast.	1. 激发兴趣 2. 引出主题	感知与注意	学生能够感知本课主题
	Activity 2 Answer some questions about weather.	通过问题情境，激活已知及生活经验		学生能调动关于天气话题的语言知识及生活经验
2. 能在讨论天气的语境中正确理解和朗读核心词汇：fine, nice, warm, cool, cold, hot, sunny, cloudy, rainy, windy, snowy; 能听懂、读懂并尝试运用 How's the weather today? It's...询问、描述不同的天气	Activity 3 Learn the new word "hot, cold, warm, cool, fine, nice." Learn the sentence structure "How's the weather today?" 1. Look and imitate 2. Listen and follow 3. Ask and answer	1. 通过观看图片，模仿动作，听音跟读活动，建立所学词汇音与之间的关联 2. 获取梳理、建构描述天气情况的词汇与句型的新知	知道与理解	1. 学生能够理解、朗读描述天气的词汇 hot, cold, warm, cool, fine, nice 2. 学生能听懂并尝试运用 How's the weather today? It's... 进行表达
	Activity 4 Learn the new words "sunny, cloudy, rainy, windy, snowy" 1. Draw and guess 2. Listen and follow 3. Ask and answer	1. 通过绘制并猜测天气，提高学习兴趣 2. 建立所学词汇音与义之间的关联 3. 进一步获取梳理、建构描述天气情况的词汇与句型的新知		1. 学生能够理解、朗读描述天气的词汇 sunny, cloudy, rainy, windy, snowy 2. 学生能听懂并尝试运用 How's the weather today? It's... 进行表达

续表

教学目标	教学活动及方式	活动意图	认知层次	效果评价
2. 能在讨论天气中正确理解和朗读核心词汇：fine, nice, warm, cool, cold, hot, sunny, cloudy, rainy, windy, snowy; 能听懂、读懂并尝试运用 How's the weather today? It's...询问、描述不同的天气	Activity 5 Talk about the weather you like.	1. 增加话轮 2. 加深学生对天气话题的感知 3. 引导学生理性地、辩证地、多角度地看待问题		1. 学生能基于观有的语言能力简单地谈论自己喜欢的天气及原因 2. 同时能理性地看待与自己所持立场不同的人
3. 理解知晓 sunny, cloudy, windy, rainy, snowy 的构词法	Activity 6 Listen to the weather forecast 1. Listen, ask and answer 2. Present the new words beside these pictures on blackboard 3. Listen and link	1. 听力输入，继续巩固本节课重要的语言点 2. 建立所学词汇音、形、义三者的关联	知道与理解	1. 学生能听懂不同城市的天气 2. 学生能正确匹配不同城市及其所对应的天气（词汇）
	Activity 7 Look and say	理解并知晓 sunny, cloudy, rainy, windy, snowy 的构词法		学生能通过对单词的观察与分析，知晓和归纳 -y 结尾的构词法
4. 知晓华氏温度与摄氏温度的不同，形成跨文化交际的意识和能力	Activity 8 Compare the difference between Fahrenheit and Celsius.	开阔视野，增强学生跨文化交际的意识与能力		学生能知晓华氏温度与摄氏温度的区别

续表

教学目标	教学活动及方式	活动意图	认知层次	效果评价
5. 学生能尝试运用本课所学核心词汇与句型	Activity 9 I'm a little weather forecast.	在播报天气的活动中，内化所学，促使知识向能力转化	运用	学生能正确播报不同城市的天气，语音基本正确，内容基本达意

参 考 文 献

［1］许双．管窥"群文阅读"的课型特征及操作肯綮［J］.教育科学论坛，2014（8）：20－22.

［2］中华人民共和国教育部．义务教育英语课程标准（2022年版）［S］.北京：北京师范大学出版社，2022.

第四章

研读主题意义，培养分析能力

孙语浓

观点聚焦

教育部在全面深化课程改革的要求中指出，新课改要突出"立德树人"和"核心素养"的建构。英语学科的核心素养包括语言能力、思维品质、文化品格和学习能力四个维度。思维品质是指人的思维个性特征，反映其在思维的准确性、逻辑性、批判性、创造性等方面所表现的能力和培养。思维品质的培养有助于学生形成思考辨析能力，能用分析、推理、判断、理性表达等多元思维活动分析问题和解决问题，促进学生的深度学习，为学生的终身发展奠定基础。

阅读在语言学习中的作用毋庸置疑，它是语言学习由输入转为输出的重要途径，也是学生思维品质的重要体现。阅读教学以语篇为依托，充分发挥阅读前、阅读中、阅读后三个教学阶段的功能，发展学生思维能力，帮助学生实现由语言知识、语言能力向学科素养的转化。

在本章中，着重介绍的是研读主题意义，培养学生的分析能力。主题意义探究模式是新课改背景下衍生出的创新教学思路，对于锻炼学生的语言交流能力、活跃学生的思维理解都具有积极的影响。因此，在小学英语阅读教学中开展主题意义探究，对学生的语篇理解程度、思维的发展水平、语言学习的成效和阅读能力的提升均有直接影响，对于培养学生的英语学科核心素养意义重大。

一、研读主题意义的优势与目的

在《义务教育英语课程标准（2022年版）》的教学建议中提出要深

入开展语篇研读。教师要以语篇研读为逻辑起点开展有效教学设计。充分认识语篇在传递文化意涵，引领价值取向，促进思维发展，服务语言学习、意义理解与表达等方面的重要作用。

开展语篇研读，教师要对语篇的主题、内容、文体结构、语言特点、作者观点等进行分析；明确主题意义，提炼语篇中的结构化知识，建立文体特征、语言特点等与主题意义的关联，多层次、多角度分析语篇传递的意义，挖掘文化内涵和育人价值，把握教学主线。根据学生基于主题的已知与未知，确定教学目标和重难点，为设计教与学的活动提供依据。教师研读语篇时要重点回答三个基本问题。

第一，语篇的主题和内容是什么？即 What 的问题。

第二，语篇传递的意义是什么？即 Why 的问题。

第三，语篇具有什么样的文体特征、内容结构和语言特点？如果语篇配有图片或表格，其传递何种意义或具有何种功能？即 How 的问题。

同时教师还要以单元教学目标为统领，组织各语篇教学内容，规划系列教学活动，引导学生通过各主题意义的分析引导学生在学习过程中逐步构建对单元主题的认知，发展能力，形成素养。研读主题意义有以下几个目的：

（一）明确学习重点，降低学生学习难度

主题意义探究在应用到英语教学中后，首先是要明确教学主题，以主题为中心，搭配不同的教学目的来开展教学计划。明确重点与主题的教学方式有利于让学生更容易分辨学习中的要点，避免出现本末倒置的学习情况，能有效降低学生的学习难度与学习压力，从而提高学习效率。同时，明确学习主题与单元重点，能使知识点更加简洁明了，既能提高课堂效率，也能帮助学生课后复习。

（二）明确主题扩散教学，培养学生综合能力

英语学科在专业类学科中的综合能力要求更高，学生在学习中很容易出现能力偏差的情况，既不利于提高学习成绩，也不利于提高英语口语水平。所以英语教师在制订教学计划时，要充分考虑学生实际语言能力的提高，加强教学效果。而主题意义探究教学有助于帮助教师明确单元重点，并根据学生需要与学生特点制定更精准、更全面的教学计划，依据教学主题进行教学，也能更好地兼顾英语教学中的听力、阅读等各个方面，做到在课堂上的统筹兼顾。主题意义探究也能帮助学生更系统、

更有效地进行学习，有利于改善英语学习中的能力偏差情况，让学生通过主题探究学习综合提升英语语言能力，从而提高听力、作文等综合能力。

（三）有利于培养学生学习能力

英语教育除了让学生了解教材知识外，更重要的是要让学生获得真正的英语语言能力，但掌握英语语言交流仅靠课堂学习和教材讲述是不够的，最好的方法是让学生从根本上提高学习能力，让他们在日常生活中也能得到英语锻炼。

主题意义探究主张明确学习重点，根据主题进行学习，在保证提高核心能力的同时提高综合能力，所以采取主题意义探究教育方法能让学生在充分了解教材重点、提高应试能力的同时，发挥创造力与想象力。以单元主题为中心，结合生活实际，对英语知识进行综合性的学习，提高学习能力。

二、基于主题意义探究的小学英语阅读教学策略

（一）合理设计教学目标

英语教学活动中教师设计的教学目标主要包括语言目标及主题教学目标两种类型，其中，教师设计的主题教学目标主要是指，学生通过某主题知识的学习对某一主题形成的深刻理解，在此过程中，实现自身英语思维逻辑的强化并健全自身英语知识体系。

（二）优化英语阅读教学流程

教师在英语阅读教学过程中开展主题意义探究活动的重要目的是，促使学生可借助主题英语阅读活动的开展，掌握有效的英语阅读策略，推动自身阅读能力的有效提升，提高学生英语阅读素养。而为实现此目的，教师在教学过程中需重视英语阅读教学流程的优化，将主题意义探究活动的教学价值充分发挥出来。教师在教学过程中，借助英语阅读教学流程的优化，可促使学生结合阅读内容及在阅读过程中遇到的困难，完成相应阅读策略的选择，促使自身对阅读内容形成理解。通过此阅读方式的采取，学生除可对此篇文章内容形成更为全面、具体的了解外，还可对问题解决思路及阅读理解工具加以掌握。此阅读方式可促使学生在一篇全新文本的阅读过程中，凭借自身能力，对阅读过程中遇到的问题进行有效解决，提高英语阅读效率，还有助于学生对英语阅读活动的

乐趣加以感知。

为此，教师在教学过程中需从如下几方面开展英语阅读教学：

其一，阅读前的想象说话及质疑主题。据相关研究指出，若教师在教学活动中讲述的内容同学生掌握及了解的知识经验重合，学生将会在短时间内接受教师所传授的知识；若教师讲述的内容同学生熟知的主题完全不相关，则学生在阅读过程中将会存在一定阅读障碍，因此教师在引导学生开展主题意义探究活动前，应帮助学生对相关的背景知识加以了解，推动学生阅读活动的顺利开展，还可有助于学生阅读能力的提升，为学生深层次理解主题意义打下基础。

其二，阅读过程中，教师应激发学生英语阅读思维，实现文本的灵活应用。主题英语阅读教学活动中，多以单元主题为本节课主要话题及研究内容，而主题意义探究即指教师在教学过程中引导学生勇于探索未知英语知识的过程。

其三，教师在完成阅读教学活动后，应重视学生英语掌握情况的及时检测，此也为了解学生阅读效果的一项重要手段，对学生能否将所掌握知识融会贯通，应用于实际加以了解，从根本上提高学生英语阅读能力。（邹琦，2019）

（三）适当延伸课外阅读资源

现阶段英语教学活动中尚未形成良好的英语语言环境，且大部分小学生在语言输入量方面存在一定不足，对自身英语阅读能力的发展形成了制约，各年级的学生都存在不同程度的阅读技能缺失、阅读兴趣薄弱及认读能力差等阅读障碍。因此，教师在教学过程中引入优质的课外阅读资源尤为重要。教师在教学过程中选取课外阅读资源时，必须以单元特定主题为依据，将典范英语、美国小学语文等优秀英语原版读物向学生介绍，拓宽学生英语阅读视野。同时，教师还可借助调整句式、扩充语料、缩短篇幅等方式，鼓励学生开展深层次的阅读训练活动。教师还应对学生课外阅读提出明确要求，即学生每周至少阅读两篇同本周所学内容相关的英语阅读材料，借此可在一定程度上保障学生课外阅读量，推动学生阅读能力的提升，还可为学生良好英语素养的形成打下基础。

三、在单元整体教学中探究主题意义，培养学生分析能力

基于主题意义的单元整体英语阅读教学是当前国际国内英语课程改

革的趋势。教师需要立足主题划分教学单元，全面把握主题内涵。在此基础上提出单元教学目标，选择主题意义关联的语篇，创设基于主题意义的单元探究活动，并逐步形成主题意义指导下单元整体教学过程性评价和总结性评价双重机制。

在小学英语阅读教学中采用主题单元教学模式，通过对英语学习资源的整合，能更好地融合学习内容，以此促进学生阅读能力与核心素养的提升。教师在阅读教学过程中，应将自身的主导作用充分彰显出来，在开展单元教学设计时，应严格遵循整合理念，以促进学生英语技能训练和知识整合能力的不断提升。

（一）围绕单元主题整合资源，提升学生阅读能力

各类英语测试的重要内容，是扎实的英语基础知识，而英语阅读教学是培养学生语言能力的关键，也是学生形成语言能力的必备基础。教师在开展主题单元阅读教学时，首先需要对学生的英语基础高度重视，能不断整合整个单元的学习资源，并灵活运用于课堂教学中，使学生能深入理解和牢固掌握所学的英语知识，以更好地发展学生语言能力。然后教师应结合单元学习的语法、句型和词汇、主题等，有效整合学习内容和资源，使学习任务能够高效完成。在阅读过程中，通过对语言知识的系统掌握，不断内化和吸收，使学生能够把语言知识转化为语言能力。

（二）结合单元主题开展活动，对学生语言技能进行训练

在学生整个语言学习活动的始终，应始终贯穿语言技能的训练，以更好地培养学生语言运用能力。在小学英语主题单元阅读教学活动中，教师应根据小学生的喜好，与具体的主题相结合，对不同形式的语言技能训练活动进行设计，使学生能有更多的机会和平台学习英语。教师在阅读教学中，通过与不同的单元主题相结合，组织学生开展语言训练活动，使学生能真正张开嘴，能认真用耳倾听，促进学生思维活动的开展，由此将学生参与阅读和学习活动的积极性充分调动起来，能够运用英语进行交流。通过英语语言环境的创造，使学生在阅读实践中，通过创造性的交流和表达，促进自身语言技能的不断增长。

四、在单元主题意义的小学英语绘本阅读中，培养学生的分析能力

（一）有效整合小学英语绘本阅读的文本

基于单元主题意义的小学英语绘本阅读强调的是文本之间的关联性，通过将主题相关的阅读文本进行合并，提炼共同的核心主题，而后通过整体的思路开展阅读活动。因此，基于单元主题意义的小学英语绘本阅读要求教师在开展教学设计时必须对绘本阅读的文本进行深入的分析。

一方面，可以跳出具体的某个文本、某节课程和一个课时的限制，将现有的阅读文本高度整合起来，设立一个贴切的主题，让学生围绕这个主题开展绘本阅读，构建一个比较连贯和持续的阅读情境。

另一方面，要注重对绘本阅读文本的共性的提取，并且要关注各个主题之间的衔接，通过关联的方式将小学英语阅读教学的知识点结合起来，在每个单元主题学习时温故知新，这样就可以最大限度地避免学生在英语阅读学习中出现阶段性的遗忘、混淆等情况，可以有效地保障学生的学习效果，也可以提升绘本阅读的效率和水平。

例如，在三年级下册 Unit 6 "Clothes（1）" 和 Unit 7 "Clothes（2）" 这两个模块的教学中，教师就可以借助单元主题教学的方式开展绘本阅读，利用多媒体教学和情境教学的方法，给学生准备一些有趣味的角色装扮的玩具，利用贴近生活的趣味情境开展阅读对话练习；教师还可以利用"森林运动会"的绘本故事情节开展单元主题教学活动，在森林主题运动会上，猴子给小动物们发放运动会主题的 T 恤，并要求 "we must wear T-shirt"，但是小熊的 T 恤太小了，他生气地说："It's too small!" 而小白兔的 T 恤又太大了，穿起来像个大裙子，她伤心地说："It's too big!" 大家说，他们拿到的 T 恤是什么 size（号码）呢？怎样才能帮他们解决这个问题，顺利地参加运动会呢？通过生动的故事情节和趣味的多媒体情境，教师可以将学生带入这个具体的情境当中，通过将这一部分绘本阅读的内容进行高度的整合，以单元主题绘本阅读活动的方式加以教学。

（二）以学生为主导开展单元主题绘本阅读活动

基于单元主题意义的小学英语绘本阅读活动当中，单元主题只是一种形式，通过单元主题的方式开展绘本阅读教学的设计，其最终目标是帮助学生更好地开展学习，是以能对学生的生活产生意义与价值的单元

主题，构建一个贴近生活的情境，让学生在一个完整而连贯的情境当中展开绘本阅读。因此，教师要树立学生为主导的教育思想，要一切以学生为主体开展单元主题绘本阅读活动的设计。首先，教师要遵循学生的认知发展规律，结合小学生的理解能力、阅读兴趣与喜好，合理地为学生选择绘本阅读的文本，并以学生感兴趣的方式呈现出来；其次，要注重对小学生的绘本阅读兴趣的培养，凸显绘本阅读的趣味性、引导性和启发性，而不是机械化地通过整个文本内容带领学生开展阅读；最后，要注重绘本阅读与学生实际生活之间的联系，通过多样化的方式呈现绘本阅读的内容，结合小学生的生活经验，培养浓厚的阅读兴趣，提高阅读的积极性，逐步提升绘本阅读的能力。

例如，在四年级下册 Unit 4 "Transportation" 一课的绘本阅读当中，教师可以借助课内外阅读相结合的方式，结合交通工具这一主题，为学生选择一个相关的课外阅读绘本，如 We All Go Traveling，Little Fire Engine – Busy Day Board 等，通过单元主题的方式进行绘本阅读，通过整合这些交通工具的词汇、句型和使用场景，借助拟人化的方式创设一个趣味的交通工具的故事，通过主题阅读的方式加深印象，提高学生对绘本阅读的兴趣，达到良好的教学效果。

（三）注重绘本阅读中的引导与启发

基于单元主题意义的小学英语绘本阅读所关注的不仅是学生对英语知识的掌握，更为重要的是借助单元主题的方式开展绘本阅读，对小学生的英语思维、习惯、能力的培养。通过整合与重塑教学内容，为小学生构建一个系统的学习网络，在绘本阅读过程中提高他们的自主阅读能力，使其养成良好的阅读习惯，形成良好的英语素养与运用能力。因此，在绘本阅读的过程中，不是教师以灌输式或是说教式的方式带领学生开展阅读，也不是由教师总结知识点让学生机械化地进行吸收和记忆，而是需要由教师进行引导和启发，逐步地在实践的过程中提高学生自主思考、阅读和应用的能力。一方面，教师要结合小学生的理解能力和认知能力，选择一些比较适合学生阅读的、内容简单易懂、生动有趣的绘本进行单元主题的阅读；另一方面，要适度引导和协助，采用问题式、游戏式、角色式等方式在绘本阅读的过程中提出一些具有启发性的问题，引发学生积极自主地进行思考，在这个过程中提高学生的思维能力，逐步发展学生对英语知识的综合应用能力。

【教学案例】

人教版《英语》五年级上册 Unit 5 TV Shows
Lesson 6 Story Time

文本大意：Bill 一家在客厅看电视，爸爸、妈妈和 Bill 都想看自己喜欢的电视节目，在意见分歧之际突然停电了，奶奶提议一起玩游戏，结果大家都玩得很开心。文章以故事的形式复现本单元的部分学习内容，目的是让学生在欣赏故事的过程中体会本单元重点词汇在语境中的运用。该故事的语言简练，一家人因同时想看自己最喜欢的电视节目而产生分歧是故事的主要冲突。学生在日常生活中与家人就某些事情产生分歧是常见的现象。因此，本课探究的主题意义为：如果你在生活中与家人产生分歧，该如何解决？下面围绕这一主题意义，具体阐述本课的主要教学设计。

Pre – reading：

创设语境，基于学生已知引入主题意义。

教师在教学过程中可以先创设语境，充分利用学生已知引入主题意义。学生、文本、探究情境是主题意义探究中互相作用的要素。在教学伊始，教师可以通过创设语境，基于学生的已知来引入主题意义。

Step 1：看照片，猜活动

在学习故事前，教师先给学生呈现一张家庭生活照，但将照片遮住一半，让学生猜测这一家人正在做什么事情。师生对话如下：

T：Can you guess what they are doing?

S1：They are going to a park.

S2：They are going to climb a mountain.

S3：They are travelling.

Step 2：联系实情，回答问题

教师引导学生联系自家的实际情况回答问题。师生对话如下：

T：What did you do with your family this holiday?

S：I travelled with my mother this holiday. This year, we will go to Xinjiang.

T：When you travel with your family, do you have different opinions about what you should do? If so, what do you do?

S：My mother wants to travel to this place，but my father wants to travel to another place. Sometimes，we have a discussion together.

设计意图：在本案例中，教师首先通过呈现半遮盖的真实生活照片，让学生猜测家庭成员所进行的活动，以此激发学生的学习兴趣；同时让学生联系自身实际生活，讨论自己的家庭成员所进行的活动，以及成员之间产生分歧时的处理办法，使教学设计从一开始就聚焦问题解决本身，将学生引入主题意义探究活动之中。学生能在教师的引导下思考并讨论问题，开始逐渐关注本课的主题意义。

While‑reading：

围绕主题意义，开展学习理解类活动

教师在设计阅读教学活动时，要围绕主题意义，让学生在解决具体问题的过程中，通过一系列学习理解类活动来获取、梳理和整合相关的语言知识，实现对主题意义的探究。在本案例中，教师首先围绕主题意义设计了感知注意类活动，让学生观察图片、描述图片并进行猜测，以此将学生自然引入故事情境中。

Step 1：观看图片，回答问题

教师让学生看教材的第一幅图片，并回答问题。师生问答如下：

T：What can you know from the picture?

S1：I know there are four people in Bill's family.

S2：We know they are talking about something together.

S3：I know they are in the living room.

T：What else do you want to know?

S4：I want to know what they are talking about.

S5：I want to know what things they are doing.

S6：I want to know why they are talking about these things.

Step 2：读课文，填表格

学生阅读课文第一页，并填写如下表格：

Family Members	Favorite TV Shows	Time
Father		
Mother		
Bill		

学生自主阅读课文并填写表格，以此获取并梳理信息。

Step 3：同伴分享

学生进行小组分享以及全班分享。小组分享以及全班分享不仅可以帮助学生获取新知，弥补之前零散的不完整的甚至可能有一定偏差的认识，而且也可以通过组内和组间的互动，使处于不同语言水平的学生之间相互搭建支架，在互动中获取与梳理信息。

Step 4：共同讨论

教师引导学生发现 Bill 及其家人所喜爱的电视节目都在同一时间段这一问题，并基于问题展开讨论。师生互动如下：

T：All their favourite TV shows are on at 8：00. What should they do?

S1：I think they should have a discussion together.

S2：I think they should listen to Grandmother's opinion.

本环节中，教师提出的问题可以有效激发学生对主题意义的深入探究，即在家人意见产生分歧时，应如何解决问题，同时这一活动的设计也可以起到让学生预测后续课文内容的目的。

Step 5：继续阅读课文并回答问题

学生阅读课文第二页的内容并回答问题。师生问答如下：

T：Do they solve the problem?

Ss：Yes.

T：How do they solve the problem?

S1：The power is off. They play a game and they have fun.

S2：They play a game after the power is off.

本环节一方面使学生通过阅读课文，验证之前预测的结果，另一方面让学生通过回答问题获取信息，并对信息进行概括与整合。

设计意图：通过上述一系列学习理解类活动，教师帮助学生在感知与注意、获取与梳理、概括与整合信息的过程中全面理解文本内容，更加深入地探究主题意义。（孙晓慧、王蔷、车蕾、王建平，2020）

Post‐reading：

Step 1：围绕主题意义，开展应用实践类活动

学生在完成学习理解类活动之后，仍然无法将外在的知识内化。教师此时有必要围绕主题意义开展应用实践类活动。教师可以引导学生围

绕主题和所形成的新的知识结构开展描述、阐释、推理、判断等探究活动，逐步实现对语言知识和文化知识的内化，巩固新的知识结构，促进语言运用的自动化，更好地实现由知识到能力的转化。

①四人小组活动。

学生四人一组，按照 beginning—developing—climax—ending 的故事发展顺序，在小组内复述故事。

②全班展示。

学生以小组为单位进行全班展示，同时教师通过反馈，再次引导学生关注 Bill 与家人看电视时出现分歧这一问题，以及就这一问题所给出的解决办法。

设计意图：本环节中，教师基于主题意义设计了复述活动。该活动一方面可以帮助学生通过描述和阐释等方式实现对语言知识的内化，另一方面也可以帮助学生借助故事发展顺序更好地理解故事内容，实现对故事内容的深度学习。此外，教师基于学生的展示而给出的反馈以及对于主题意义的引导，可以给学生提供再次深入探究主题意义的机会，同时也可以为接下来解决真实情境下的问题做好铺垫。

Step 2：围绕主题意义，开展迁移创新类活动

为了更好地帮助学生将课堂所学的内容迁移到生活中，帮助学生真正做到学以致用，教师可以在应用实践类活动的基础上，围绕主题意义设计迁移创新类活动。在本案例中，教师首先以自己在生活中与家人存在的分歧为例，引导学生思考解决问题的办法。

①真实语境导入。

教师以自己在生活中与家人就养狗一事产生分歧这一实际问题作为示范，请学生帮忙想出解决办法。师生有如下对话：

T：My problem is：I want to keep a dog, and it is cute. But my father doesn't want to. He thinks the dog may bite others. It is dangerous. What should I do?

S1：You can keep a cat.

S2：You can buy a robot dog.

S3：Maybe you can keep a dog in your own room.

从学生的回答中可以看出，他们的思维在主题意义的引领下完全被激活了，可以基于教师存在的问题给出合理的解决办法。

②组内分享。

学生在小组内分享并讨论自己与家人、同学或朋友产生的分歧以及具体的解决办法。

本环节中，教师让学生联系生活实际，阐述问题并寻求解决问题的方法。该活动超越语篇，促使学生围绕主题意义解决实际生活中的问题，并且使学生在参与活动的过程中，学会如何解决与家人、同学、朋友之间的分歧，从而在潜移默化中实现育人目标。

③全班展示。学生进行全班展示，教师即时评价和反馈。

S1：Hello, everyone. I want to share my family's problem with you. I like eating meat, but my mother likes eating vegetables. I don't like spicy food, but my father likes spicy food. So sometimes, we have different ideas about eating. My mother's solution is to prepare two more dishes. Thank you.

T：OK, thanks for sharing, Jack. Jack has shared his family's problem. It is about eating. Right? He has also talked about his mother's solution. His story is very clear. Do you have any other solutions to Jack's family's problem?

S2：I think maybe they can make a weekly plan. For example, they can eat meat on Monday and eat vegetables on Tuesday. I also think eating healthily is very important. I suggest Jack change his eating habits a little bit.

T：Well, we can make a plan for what we eat every day and eat healthily. Right? Jack, what do you think of this idea?

S1：I think it's a good idea. I will tell my mother later. I agree eating healthily is very important. For me, well, I will try my best to change my eating habits. Thank you very much.

本环节的教学活动一方面体现了教学中教、学、评一体化的理念；另一方面教师通过对学生学习效果的评价和反馈，给予不同语言水平学生不同的支架，帮助他们更好地内化所学语言。

设计意图：从学生的展示可以看出，他们能在主题意义的引领下，基于本课所学内容进行有效的迁移和创新。教师也能对学生展示的内容给予有效反馈，并积极引导学生互动交流，从而实现真实的课堂交际。

主题意义探究是英语教学的精神统领，情境是主题意义探究的"场"，而教师是主题意义探究情境的创设者。围绕主题意义设计有效的课堂教学活动需要教师清晰理解主题意义的内涵。在具体教学过程中，教师应创设恰当的语境，基于学生已知引入主题，并围绕主题意义，以语篇为依托，设计学习理解、应用实践、迁移创新等体现综合性、关联性和实践性特点的学习活动，帮助学生在感知与注意、获取与梳理、概括与整合信息的过程中深入理解文本内容，在描述与阐释、分析与判断、内化与运用的过程中内化所学语言，在推理与论证、批判与评价、想象与创造的过程中迁移所学知识，真正实现知行合一，进而将培养学生英语学科核心素养的目标落到实处。

参 考 文 献

[1] 孙晓慧，王蕾，车蕾，王建平. 主题意义引领下的小学英语阅读教学计 [J]. 中小学外语教学，2020（3）.

[2] 邹琦. 主题引领"阅"中突围——以主题意义探究引领的小学英语阅读教学研究 [J]. 海外英语，2019（12）.

第五章

预测故事情节，培养推断能力

庞婧怡

观点聚焦

《义务教育英语课程标准（2022年版）》以主题为引领，以不同类型的语篇为依托，融入语言知识、文化知识、语言技能和学习策略等学习要求，以单元的形式呈现。在分级标准中要求小学生能够读懂简单的英语小故事，并且可以根据图片进行简单的描述，从而更乐于接触外国文化，增强祖国的意识。这些都要求教师在教学中增加学生对英语的学习兴趣，培养学生的综合语用能力、思维能力以及阅读素养。学生需要提高解决问题的能力，培养创新意识。通过激发学生的好奇心，培养学生对英语学习的兴趣，进而提高学生的能力。在英语课程的学习过程中学生可以整合不同的信息，梳理有逻辑的过程，分辨语言文化中的种种现象，并对其进行预测、推断，正确评价各种思想观点，具备初步运用英语进行多元思维的能力。这充分说明了英语学科具有开启心智、发展思维品质、培养人文素养的作用，更加突出外语学科的人文性。

在英语阅读的过程中学生仅靠所学知识来读懂文章是比较困难的，在阅读过程中包含了很多复杂的语言表达方法以及课本上没有的语言知识要点。在阅读过程中如果学生没有阅读的基础或阅读技巧的储备，这对小学生的阅读来说是很困难的。小学生在阅读过程中，常常因为掌握的单词太少而受到生词的困扰，与阅读产生冲突。当学生面对由许多生词组成的作文时，他们束手无策。与长篇文章相比，学生更喜欢阅读图文类别的故事书。生动的图片可以激发他们的阅读兴趣。在阅读较长的文本时，许多学生仍然使用字典等电子工具来查找生词的含义，无法通过上下文猜词法来猜测词义。培养学生思维品质和能力是助力学生解决阅读中疑难问题的关键，教师在安排阅读活动时，就要明确培养学生思维品质和能力的目标，指导学生掌握正确的思维思考方法，引发学生深层次地探索学习和深度阅读，进一步完善学生的思维品质与思维能力。

具备的背景知识与阅读材料相互作用的过程。阅读即思维，它将学生已有的知识、经验与文本传达的主题、情感相结合，通过一系列阅读活动，辅助学生自主完成对文本内容的理解、分析、比较与判断，而这本身就是一个阅读者批判性思维能力形成的基础与过程（韩亚辉，2015）。阅读是获取信息的重要途径之一，学生阅读能力的高低，是其英语综合语言运用能力和水平的体现。在英语阅读教学中，合理预测能激发学生的阅读兴趣和学习欲望。预测是一种认知技能，是语言学习的重要能力。预测也是一项重要的阅读技能和学习策略。根据文章提供的线索如文本和插图等，并结合已有的认知结构和生活经验，鼓励学生对阅读文本内容进行合情预测，学生能够对下面即将发生的事情产生浓厚兴趣，并且能够根据自己所看进行回答。预测就是让读者提前思考他们将要阅读的内容和内容的发展过程（张红梅，2021）。读者在阅读之前就做好充分的准备工作，并在阅读的过程中找到一些线索，对自己之前的预测内容进行更改，并再次找到新的线索，产生新的兴趣，让读者深深感受到推理的乐趣。

在新课标的指导下，教师在设计阅读课程时常聚焦于提高学生核心素养，发展学生思维能力，形成了预测—验证—总结—迁移—运用的过程，在这五步的过程中进一步激发了学生的好奇心，提高了学生思维的逻辑性、批判性和创新性，加深了对文本内容、结构和作者写作意图的理解，提高了阅读效率，发展了阅读能力。

一、阅读预测的作用

（一）提升学生的思维能力，养成良好的阅读习惯

在进行阅读预测的过程中，学生通过观察图片获取信息，除此之外标题也有着预测价值，通过分析题目结合自己的已知可以预测情节的发生（段素琴，2004）。这种阅读方式比起查找关键信息阅读增添了许多趣味性，也能进一步提高学生的思维能力，将所得到的信息进行整合处理，形成新的逻辑思维。

（二）激发学生好奇心，变被动为主动阅读

在英语绘本阅读中运用图片或根据文字进行预测推断，来激发学生的学习兴趣。英语绘本是用文字与图画两种媒介的互动来讲述故事，表达特定情感、主题的读本。它以独立成册的故事为主，通过图片和文字的形式向读者展现出故事的内容情节，从而传递丰富的情感。通过观察一幅幅生动形象的图片，既能抓住学生的眼球，又能通过观察图片引导学生理解文章主旨，抓住点滴细节的作用；既锻炼了观察能力，又能对其进行思考，对于文本和图片的整合处理能力也能进行提高，给学生提供了想象的空间，同时有助于培养他们发现问题、分析问题和解决问题的思维能力。在绘本阅读教学中，教师应抓住绘本的故事情节和人物情感变化，找好合适的抓手，设计梯度合理的教学活动，帮助学生发展思维能力。

（三）提高英语阅读的积极性和主动性

在阅读教学中，教师必须在不打破文本整体内容前提下，采用尽可能多的手段，引导学生对文本进行合情的预测。预测之所以能提高阅读能力，是因为在阅读前如果对文章内容存有某种猜想，阅读时就会将注意力集中在文本内容上，努力搜寻证据，并将获取的信息在脑海中加以分析、处理，以验证设想，之后再带着新的预测持续阅读。如果预测与文本相符，学生可以更快地理解文本内容，并获得学习成就感；如果预测与文本不符，则可以激发学生的好奇心，促使他们更敏锐地去捕捉有利信息，将被动学习变为主动学习（王峥，2022）。通过这样的阅读，不论当初的预测结果怎样，都可以使学生更加深刻地理解文本内容和文本结构，在阅读中思维也得到了锻炼。通过预测，学生不再一味地追求个别单词或语法结构的学习，而是将视线放到对语篇大意和语篇内涵的理解上，体现了学习的主动性、整体性和思辨性。

二、预测在小学阅读教学中的现状及问题

（一）预测问题设置无效

很多教师在设置预测任务时没有为学生提供可以参考的线索，或者可供学生想象的依据，这样的预测属于漫无边际、毫无根据的猜想，不仅浪费时间，学生对接下来的材料也不会产生阅读期待。很多教师在读前会提出这样的问题："What do you want to know about this story？"学生

也大多只会预测"Where/Who/What/Why/How"等常规问题，实际上这些问题只是学生之前学过的一种阅读方法，可以用于任何文本、任何内容，所以这并不是对本课阅读内容的预测，这些问题并没有实际价值，也根本起不到预测和发散思维的目的。

（二）预测内容无逻辑，碎片化

预测是一项阅读策略，学生在阅读的过程中需要根据已知的线索不断对文本进行预测，并有针对性地开展接下来的阅读活动，验证自己的预测是否合理、正确，然后再根据新的已知继续预测、验证、总结和反思，这是一个循环往复、贯穿始终的过程。但有些教师在课堂中使用预测策略时却显得很随意，既没有让学生根据文本情节有步骤地预测，也没有让学生对之前的预测结果进行验证，预测只是一个可有可无的、形式化的环节。在接下来的阅读中教师并没有让学生说出之前的预测原因，也没有对照课本让学生回顾原来的预测，并进一步指导预测的方法，导致预测形同虚设，没有时效性。学生在以后的预测中也只是凭借自身的喜好，做无序化、无根据的猜想，根本谈不上习得了一项阅读策略。

（三）预测只停留在表面，并不深入

现在小学英语课堂中的预测并不少见，但大部分教师只是把它当作一个完整阅读过程中的一环，或是提高学生兴趣的手段，并没有真正把预测作为一项学习策略和阅读技巧对学生进行培养和发展。在此过程中学生是处于被动地位的，预测在课堂中只作为一个从属环节，没有发挥它的功能，预测可以提高阅读速度、节省阅读时间、发散学生的思维、锻炼学生思维的逻辑性。但是如果没有教师的要求和引导，学生是不会在阅读中进行主动预测的，那么这些功能和效用也成了"纸上谈兵"。

三、预测在小学阅读教学读中的使用

（一）利用提问进行预测，激发思维

通过提问可以帮助学生了解和梳理文本信息，通过提问，让学生对所学内容进行预测，引导学生对所学内容进行思考，激发学生思维发展，引导学生能从多个方面思考事情。

（二）利用图片进行预测，增强兴趣

小学阶段的学生以形象思维为主，通过阅读绘本类故事可以激发学生丰富的想象力，引导学生通过读图获取信息，提高学生观察能力，进

而使学生形成一定的预测能力，从而整体增强学生思维能力。教师可以通过引导学生独自或小组观察讨论图片，再进行有效的预测。如果学生预测有困难，教师可做适当的提示，提醒学生某些遗漏的重要信息，再让他们继续预测。预测结束后，还要验证预测的正确性。从图片入手大大降低了阅读的难度，促进了陌生词汇的理解，让课堂教学生动形象，而且进一步增强了学生的学习兴趣。

（三）利用单元整体知识进行预测，加强运用

每个单元由不同的板块组成，各个板块之间知识点和情境相互联系，形成整体。因此在教学时要整合单元知识，充分利用各个板块之间的联系点，引导学生进行有效的预测，推动文本阅读，迁移运用，激活思维。近几年来，伴随新课标的逐步推行，越来越多的英语教师在探究小学英语课外阅读有效模式方面，投入了很多的时间与精力，也在一系列的研究探讨当中尝试运用了多种教学方法，但是仍旧有很大一部分教师群体运用了传统的课外阅读指导模式，也就是在课外阅读当中逐字逐句翻译，忽视学生对阅读活动的主体参与，影响到学生思维品质的培养。

为了改变不良的英语教育局面，教师在英语课外阅读当中要突破传统，引入科学化与创新性的教育模式，把培养学生思维品质和思维能力作为重中之重，既让学生在课外阅读当中学得语言，也掌握思考方法。

预测是小学生在英语课外阅读当中必须具备的思维品质，开展读前预测既有助于学生对英语语篇内容进行理解，还能够促进学生思维发展，加快学生课外阅读进程。在小学英语课外阅读环节，教师把培养学生思维品质和能力作为重点，并在此基础之上设计教学活动，对于英语课外阅读来说是一项不可缺少的内容，除此以外还需要在增强学生预测能力的同时，积极培养学生推断思维品质的能力。推断能力是小学生突破英语阅读难题的必备思维，在当前的英语考试与考查当中也备受关注。考虑到英语课外阅读当中要求学生推断的内容多种多样，教师需要结合小学生的英语水平与阅读素质发展情况进行确定。比方说让学生结合上下文推断语篇重点词句的含义；结合课外语篇表示观点态度的词汇，推断作者对现象或事情的态度，全面拓展学生思维能力。

（四）借助文本旁白，预测故事内容

小学英语教材中以记叙文和故事居多，所以在文本的开头常常会以旁白的形式交代故事的背景。教师可以从这方面入手，通过旁白提供的

信息鼓励学生预测故事的内容和发展情节。

（五）在文本留白处预测，拓展文本内容

英语教师应提高文本的分析和解读能力，针对故事情节的发展抓住文本语言的留白处，及时引导学生进行补白，发散思维，培养学生思维的逻辑性和创造性。

（六）在故事冲突处预测，渗透学科育人理念

在文章的描写过程中，故事的发展并不是平铺直叙的，而是有矛盾、冲突、转折和高潮的。通过故事情节冲突预测故事的发展，能激发学生的探究欲望，增强师生之间互动的有效性。在预测中，教师适时地进行德育渗透，引导学生树立正确的人生观和价值观，形成良好的品质，传承美德。

【教学案例】

外研社《丽声北极星分级绘本》第一级
A Day with Monster Toon 教学设计

授课年级： 一年级（一年级起点）、三年级（三年级起点）

文本分析

【What】

本节课的故事为《丽声北极星分级绘本》第一级上册 A Day with Monster Toon，对应课标话题：饮食。故事讲述了小女孩去好朋友小怪物家做客，Toon 拿出自己最喜欢的食物招待客人，可是不同的饮食习惯却没有让客人开心，这样的故事发生时，我们的孩子又会怎样招待客人呢？怎样能更好地招待客人？

【Why】

通过故事的学习，让学生关注与他人相处的过程中，面对彼此之间的不同，待客时要了解对方的需求与喜好，了解并尊重他人的饮食习惯，才能更好地待客。

【How】

故事以从清晨到傍晚的时间线为主线，用一般现在时呈现了四处对话，第一处湖边野餐时，小怪物拿来夹满毛毛虫的三明治和绿色树叶做成的果汁说：Have some... 但是小女孩不能接受这样的食物，拒绝了小

怪物。第二处小怪物和小女孩在大树下玩耍时，小怪物拿来虫子蛋糕和有泥沙的水问：How about some...？小女孩还是不能接受。第三处小怪兽的妈妈带来了一些水果，小怪物问：Do you like...？小女孩很喜欢这些水果。第四处太阳落山了，小女孩准备回家，小怪物给小女孩准备了点心，让其带回家，这个装满虫子的点心盒吓坏了小女孩的家人。

故事的话题是饮食，其中有：食物名词：bread，cake，snacks；饮品名词：juice，water；水果名词：fruit，apple，orange，banana；招待他人的句型：Have some...，How about some...？

学情分析

1. 学生已有知识经验分析

（1）句型方面

模块	已学核心句
Module2 Unit 1	I like.../I don't like...
Module2 Unit 2	I like.../I don't like...
Module3 Unit 1	Do you like...? Yes. I do. /No, I don't.
Module3 Unit 2	Do they like...? Yes, they do. /No, they don't. They like...

学生在第二、三模块已经学习了如何运用 I like.../I don't like... 表达自己喜欢与不喜欢吃的食物，并运用 Do you like.../Do they like... 询问他人喜欢吃的食物。本课是在此基础上进行拓展延伸，学生学习向他人提供饮食建议，招待他人。

（2）词汇方面

		与主题相关已知词汇
教材梳理	Module 2	食物名称：meat, noodles, rice, sweets, ginger, onion, ice cream
	Module 3	食物名称：banana, apple, milk, orange, fruit, milkshake, tomato
歌曲补充	共计18个	食物名称：broccoli, popcorn, pizza, juice, donut, soup

2. 学生的学习风格与特点

本节课的授课对象是我校一年级的学生，本班学生经过一个学期的在校学习，能够听懂老师的课堂指令，逐步形成了一定的英语学习习惯，能够与老师一起完成英语活动，学习英语知识，发展英语的各项技能。

3. 学生学习能力分析

学生从学期开始学习绘本故事，每周阅读一本，初步了解了预测、找寻答案、推断等阅读策略，学生喜爱自主阅读，绘本课上学习兴趣浓厚，乐于表达自己的观点。班级学生认知水平和学习能力存在差异，教师要充分尊重学生个体差异，保护学生的学习兴趣，关注学生的学习需要，坚持全面育人、面向全体，设计不同层次的学习活动，充分调动学生的学习积极性，关注学生的实际获得，培养学生的关键能力，不断促进学生发展。

教学目标

在本节课学习结束时，学生能够：

①正确理解并朗读故事。

②理解 snacks，look nice 等词汇，运用句型 Have some...?/How about some...? 招待他人。

③根据图片获取信息，运用时间线梳理故事，并预测故事情节。

理解人们不同的生活饮食习惯，尊重他人习惯，学会换位思考。

教学重点

①根据图片获取信息，运用时间线梳理故事，并预测故事情节。

②理解人们有不同的生活饮食习惯，尊重他人习惯，站在他人的立场上思考问题才能更好地待客。

教学难点

①图片环游过程中，对故事进行预测和描述。

②学会换位思考，根据他人喜好选择合适的食物待客。

教学过程

活动 1：歌曲导入，激活已知

教师通过播放歌曲 Do you like song 作为导入，激活学生对食物的旧知识，歌曲能够活跃课堂气氛，调动学生学习的积极性和对新知识的好奇，并询问学生："Do you like these food? Which one do you like? Which not?"

通过演唱歌曲的形式让学生参与其中，同时在这一环节让学生思考自己喜欢什么样的食物、不喜欢什么样的食物，同时能够表达自己的观点。

设计意图：学生年龄小，喜爱歌曲或视频类的影像资料，通过一起演唱与本文有关的歌曲为学生进一步阅读文章做铺垫。

活动2：观察封面，进行故事前测

通过带领学生观察封面，教师通过问题："What will happen?" 以提问的方式引导学生观察封面，预测故事的内容，激发学生的阅读兴趣，和对故事的好奇，并给学生思考的空间，发展思维能力。通过询问："I am the little girl, what am I doing?" 交代角色，让学生预测文本，引导学生说出："I am visting Monster Toon." 观察图片，教师提问："Will we be happy?" 让学生初步体会主人公的情感，交代时间线的第一个点lunchtime。教师提问："What does Monster Toon bring to me?" "Do I like these food?" 观察Toon拿来的食物，说出食物的名称，观察主人公的表情，说出客人是否喜欢这一食物。低年级学生有很强的代入感，能够把自己想象成文中的小女孩，可以说出自己对这一食物的感受和看法。此时学生不知道事情将如何发展，想要继续探索，这就达到了激活好奇的目的。

通过观察图片培养学生提取信息的能力和对故事的预测能力，发展学生逻辑性思维，为梳理故事线打好基础。在观察图片时询问一些能够引出文本主题的问题，如 "What are they doing?" "What can you see?" 等问题，启发引导学生的思考，调动学生想继续阅读的好奇心。

设计意图：从封面入手，进行故事前测，初步阅读文章，通过一系列的问题引发学生思考，调动学生阅读的好奇心。

活动3：启发好奇，从细节中推断

观察图片，把握时间点，厘清故事情节的发展，主人公和怪兽在午餐后又一起玩了一会儿。不久后就到了第二个时间点——下午茶的时间，学生观察图片说出"Toon给我准备的点心"，分析文中的"我"是否喜欢这个食物。在思考的过程中，以学生为主体，让学生自主探索，学会通过细节寻找答案并验证想法。

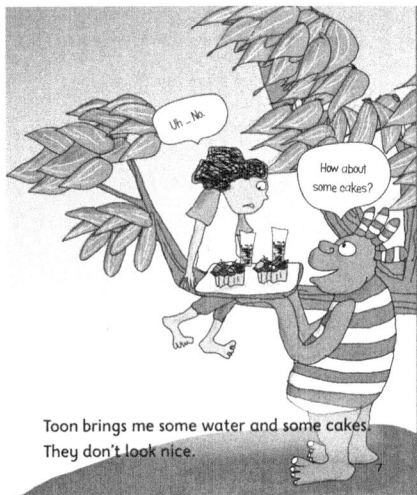

We play again after lunch.

Toon brings me some water and some cakes. They don't look nice.

设计意图：在这一环节教师通过问题给学生搭建脚手架，引导学生观察食物和"我"的表情，得出小女孩心情的变化，梳理情感线，同时思考她不开心的原因。在观察表情、思考小女孩的心情时提高了学生的缜密性思维，让学生抓住故事的细节进行体会。

活动4：激疑推断，联系生活

学生观察图片，Toon的母亲过来拿了一些东西给"我"吃。通过观察教师询问："What does she bring to us？""Do I like them？"在这里可以明显看出文中的"我"很喜欢Toon母亲带来的食物，在这一环节要让学生思考原因，通过对比Toon给"我"食物时"我"的表现，和Toon母亲给"我"时的表现进行分析，为什么文中的"我"对不同的食物有着不同的喜好，培养和发展学生的批判性思维，让学生学会从第三视角看问题、分析原因。这一问题的设置可以让学生发展批判性思维，从不同的视角思考不同的问题。教师在此时不说明原因，让学生自己在故事的环节中探索，调动学生的好奇心，推动学生进行推断。

Toon's mum gives us some fruit to eat.

There are apples, bananas and oranges.
They look nice, so I eat a lot.

Do you like fruit the best?

Yes, I do.

设计意图：教师引导学生从图片中感受女孩心情的变化，自主分析原因，再次感受文化差异，体会不同的饮食文化。

活动5：抓住留白预测推断，提高创新思维

时间过得很快，通过图片让学生看出已经到回家的时间了，Toon 给了主人公一个盒子作为礼物，教师询问："What's in the box?" 抓住学生的好奇心，引导学生共同推测，一起讨论盒子里会是什么东西。通过图片，提出问题："Do they like this gift?" 学生可以说出小女孩的家人并不喜欢这一礼物，此时，学生已经知道了原因，教师追问："If you were Monster Toon what will you choose for the girl as a gift?" 让学生自主讨论。

Time to go home.
Toon gives me a box of snacks.

What have you got here?

Arrrrgh!

设计意图：让学生学会换位思考，假设自己是 Monster Toon 会如何为女孩挑选礼物，是选择自己喜欢的还是女孩喜欢的？引发学生对主题意义的思考研究。

活动6：预测推断故事结尾，提高综合语用能力

教师总结后引导学生自主创编故事，思考收到虫子礼物的小女孩会和 Toon 发生什么样的故事，让学生在课下进行讨论，培养学生的想象能力和创造性思维。通过学生之间的思想碰撞，每个人都能获得不同的知识。在改编过程中，学生不仅参与了阅读和思考，还通过有趣的方式提升了语用能力。教师让学生在教室前表演他们的故事。通过此方式，学生可以锻炼他们的合作意识，提高他们的口头表达能力。结束后，学生们进行内部评比，选出自己最喜欢的编剧和最佳演员，学生可以得到自我满足，丰富他们的业余时间。

设计意图：设置开放性结尾，自主创编故事，发展学生创新能力。同学们与同伴一同合作表演自己的故事，从而获得满满的成就感。

本教学设计运用问题链进行故事情节预测，激活学生好奇心。《义务教育英语课程标准（2022年版）》要求教师能"根据主题语境、语篇类型、不同文体的语篇结构和语言特点，引导学生深入学习和理解语篇所表达的主题意义"，因此教师在培养学生阅读能力时要带领学生体会语篇的逻辑，梳理文章的脉络和内容。通过观察文本中图片的细节以及文字的叙述，感受语篇的逻辑，在遇到不认识的词汇时结合上下文对词汇进行猜测，并且发现规律。通过提问分析故事线和情感线的原因，深入理解文本，感受主人公的思想感情。教师通过询问有逻辑的问题给学生搭建脚手架，引导学生观察分析故事中主人公的情绪变化，以及"我"的看法，从而引导学生对故事的细节进行体会。

参 考 文 献

[1] 韩亚辉. 英语专业阅读教学与思辨能力的培养 [J]. 考试周刊，2015（32）：85.

[2] 张红梅. 预测技巧在小学英语阅读教学中的运用 [J]. 中小学英语教学与研究，2021（3）.

[3] 段素琴. 浅谈阅读理解中的预测及方法 [J]. 教学与管理，2004（10）.

［4］王峥．浅析预测技巧在初中英语阅读教学中的运用［J］.校园英语，2022（23）：121－123.

［5］中华人民共和国教育部．义务教育英语课程标准（2022年版）［S］.北京：北京师范大学出版社，2022.

第六章

利用思维可视，培养建构能力

游晓燕

● 观点聚焦

2011 年教育部颁布的《义务教育英语课程标准》提出：英语课程承担着培养学生基本英语素养和发展学生思维能力的任务。2022 年教育部最新颁布的《义务教育英语课程标准》对英语学科核心素养进行了全面深刻的阐释，指出："英语课程要培养学生的核心素养包括语言能力、文化意识、思维品质和学习能力四个方面。"由课标的不断修订可以看出，课程改革对于学生的思维发展愈发重视。

在当今社会的快速发展中，信息技术也在逐渐进步。随着人们教育观的改变，教学模式也发生了变化。知识的传授不再单单依赖于语言文本符号，而更加倾向于更具有吸引力的图像、图片等多媒体进行表达。在这股浪潮中，可视化显得越来越重要，成为一个当代世界进化的特定范畴。随着信息社会改革的大趋势，思维这一视角变得越来越被重视，它具有独特性和必要性。众所周知，思维是不可以被看见的，而思维可视化就是把思维这一看不见的概念通过可视化的手段方式呈现出来。思维可视化是指借助可视化的图示将隐形的思维过程直观地呈现出来，强化记忆与理解，发展思维能力。思维可视化具有双重价值，思维可视化的显性价值是指能培养学习兴趣、有利于理解和记忆；其隐形价值指的是能促进思维能力的发展，属于内在影响。（刘濯源，2014）

一、思维可视化的优势

思维可视化能够激发并提升学习者的学习兴趣，将乏味的知识用多样的形式呈现出来，能有效激发并提升学生的学习兴趣，提高学习者对所学内容的专注程度（王碧珍，2019）。帮助学习者主动建构知识，激发学习者进行主动有意义的学习，同时也能促使学习者进行深度学习（赵国庆，2019）。

思维可视化的策略是学习者思维能力培养的重要载体。首先，它本身具有的逻辑性能够实现零散的知识结构化，在利用多种图例或图示的过程中，其本身具有的逻辑性都有利于培养学习者思维的逻辑性。其次，思维可视化具有直观性，可以实现隐形思维显性化。通过图示的方式生动具体地将人们头脑中的抽象概念以及思维的过程和结果直观呈现出来，促进学生的观察和反思，实现了隐形思维的显性化。最后，思维可视化具有整合性，是进行知识整合的有效抓手。它能有效将新旧知识、复杂文本进行内容的整合与梳理，能有效培养学习者的核心素养。

思维可视化能够强化学习者的语言表达能力。借助思维可视化的多样模型辅助教学能帮助学生更好地理解和记忆知识（刘濯源，2014），优化学生语言表达，保证交流的有效性。在教学中，在导入、练习和总结三个环节运用思维可视化辅助教学可以提升口语交际能力（史艳珑，2022）。

思维可视化促进阅读语篇的深度学习。在语言方面，学生在阅读的过程中常常遇到不会的单词，在推测过程中需要结合上下文进行猜词义的活动，在学生猜测词义的过程中教师会引导学生找到表转折关系或对比关系的关键词进行猜测，结合与生词有关的近义词、反义词、常见搭配进行词义的推测。在学生梳理推测的过程中很容易混淆各类词汇，这时教师利用图示方法便可将词义推断的过程可视化，增强学生对语言知识的理解记忆，梳理推测逻辑。在文本信息整合方面，利用思维可视化途径帮助学生梳理归纳各观点中的联系，帮助学生将知识结构化，发展学生的结构化思维，建构知识体系，促进学生的深度学习。

思维可视化不仅可以在学习者的知识建构方面起到帮助作用，而且可以使学习者学到的知识更具有意义，可以进行知识迁移。它有助于学习者系统地、有规律地、简洁地来认知新的知识、掌握知识，并且有逻辑地表达出自己的想法。教师不单单是把知识单一地传授给学生，而是将思维过程展现给学生，让学生知道如何思考问题、如何组织知识，这样才能够促进学生的发展，使教学效果达到最优化。在思维可视化的过程中可以将零碎的东西变得系统化，所以在进行教学设计时，教师要多增加思维可视化的环节设计，展示教师思维过程和清晰的知识脉络，可以促进学习者的认知发展。

二、思维可视化的应用原则

（一）坚持学生的主体地位

在课程改革的背景下，教师现在已经很注重在教学中发挥学生的主体地位，但是学生能力的培养和思维的发展离不开教师的不断引导，教师可以利用思维可视化的教学策略帮助学生将教学内容用图示等途径进行梳理展示，帮助学生梳理文本信息、建构知识框架，在引导帮助下让学生再多进行自主探究，发展思维能力，能够在阅读每一文本时都能运用不同的工具帮助自己理解文本信息，在这一过程中提高学生的自主建构能力。

（二）利用最近发展区，发挥思维可视化的诱导功能

维果斯基的最近发展理论强调教学应当适当地走在学生的发展前面。在运用思维可视化途径时，不能只重视教学的内容和方法，还要结合学生现有水平。可视化图示太复杂会导致学生不能很清楚地梳理内容，无法达成有效教学。可视化图示过于简单，学生缺少探究建构的过程，教学开展也没有实际的意义。在用思维可视化教学策略进行教学时，要结合各种途径的特点进行选择，既要符合教学内容，又要处在学生的"最近发展区"，让学生能有梳理、思考、探究、建构的过程。

（三）提升学生建构能力，发挥思维可视化作品价值

在以思维可视化策略进行教学时，教师可利用问题链帮助学生运用思维可视化途径梳理理解文本，在绘制的过程中梳理各个观点的关联性，获取文章中的关键信息，厘清文本思路。就同一篇文章而言，学生从不同的人物情感线抑或是时间主线等不同的角度出发都会生成不同的思维可视化作品，能够反映绘制者的思维过程。利用思维可视化途径的目的是引导学生将思维中分散的知识点有序组合，将无关联的知识联系在一起，将隐形的思维通过图形可视化，便于学生以小见大，有效掌握文本内容，提高学生在阅读过程中的建构能力，将思维融进自己绘制的思维可视化作品当中。

三、思维可视化的途径

思维可视化教学理念的实现需要借助多样的途径运用到教学中，使得思维可视化的过程"有具可循"。其中将思维可视化的技术十分多样，包括思维导图、流程图、概念图、模型图、插图、图标、漫画、表格等图示技术及能够生成图示的软件技术等。在教学中教师需要根据不同技术的功能选择恰当的可视化方法，找到合适的脚手架，助力学生阅读。

（一）思维导图

1974 年，东尼·博赞的《启动大脑》一书出版，"思维导图"（Mind Map）的概念首次正式提出。此后，思维导图作为思维可视化的重要表征工具被广泛地应用于生活与学习当中。在《思维导图：放射性思维》这一著作中，他将思维导图定义为："这是一种放射性思维的表达方式，也是人类思维的自然功能。它是一种非常有用的图形技术，是打开大脑潜能的万用钥匙。思维导图可以用于生活的各个方面，其改进后的学习能力和清晰的思维方式会改善人的行为表现。"

思维导图虽然没有严格的定义，但是在绘制过程中也有相应的要求，只有一个中心主题或者中心节点，所有绘制内容都是在这一个中心节点上发散的，不同层级间的颜色有着要求，简单来说就是同级同色，不同级要区分颜色或是形状。思维导图只有一个中心主题，围绕这一中心主题，依据所选定的思维策略框架，进行思维导图的层次组织。思维导图没有具体实施框架，教师可以根据教学需要结合具体思维策略方法来构思框架。思维策略方法有很多种类，具体而言，在教学中，尤其是故事教学，教师通常会运用六何分析法（5W1H），即 why（为什么）、who（谁）、what（是什么）、when（什么时候）、where（在哪里）和 how（怎样发生）来进行思维导图框架的整理。除此之外，SWOT 分析法、PMI 思考法、六顶思考帽等都是有效的思维策略方法。思维导图的最大特点在于对使用者思维过程的呈现，在教学中思维导图常被用于构思写作、整理笔记、头脑风暴，等等。

（二）概念图

概念图（Concept Map）是由康奈尔大学的心理学家诺瓦克根据奥苏贝尔的有意义学习理论所提出的一种教学技术。在奥苏贝尔的有意义学习理论中，教学是否关注到学生的已知内容是实现有意义学习的核心。

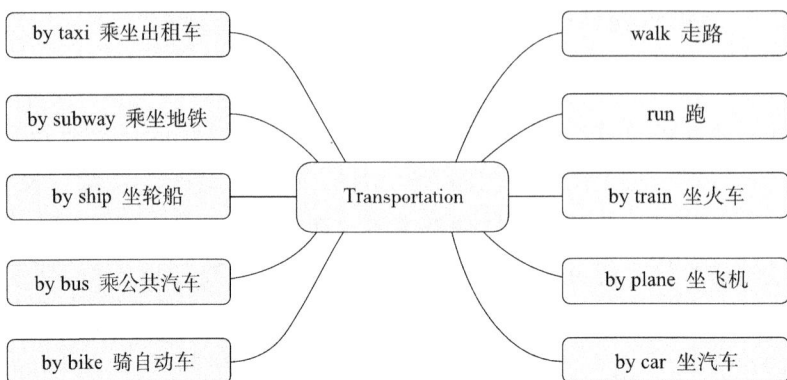

思维导图

而学生的学习是否有意义，关键要具备两个条件。一是新知与已知之间具有建立联系的倾向；二是新知对学生具有潜在意义，即可以与学生的已有知识结构联系起来。在这两个条件中我们发现，新旧知识的联系与学生本身的认知结构对构成有意义学习起着关键作用。而将新知与已知联系起来的过程就需要学生对知识有更综合、更上位的学习。这时就需要一种工具来帮助学习者进行知识的归纳整理。概念图也就是在这样的背景下产生的。概念图能够构建庞大的知识网络，使人快速理解各种概念之间的关系，有利于新概念的组织和内化。概念图包含概念（Concepts）、命题（Propositions）、交叉连接（Cross－links）和层级结构（Hierarchical frame－Works）四个基本要素。概念是事物的规则属性，用名词或符号进行表示；命题是两个概念之间通过某个连接词而形成的意义关系；交叉连接表示不同知识领域概念之间的相互关系；层级结构是概念的展现方式。通过图示的表征方式来突出概念，突出概念之间的关系、层次。学习者可以通过概念图快速地全览某一概念的知识结构。在实际的教学中，概念图常被用来作为梳理知识关系、整理复习的可视化工具。

（三）思维地图

相较于之前出现的概念图、思维导图，思维地图更像是一个系统的思维工具。共有八种图构成了思维地图，可供教师和学生使用。不同的图有不同的使用情景和范围。这八种图分别是圆圈图（Circle Map）、气泡图（Bubble Map）、双气泡图（Double Bubble Map）、流程图（Flow

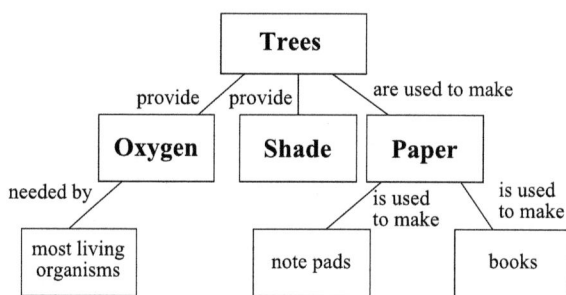

概念图

Map)、复流程图（Multi – Flow Map)、树形图（Tree Map)、括号图
（Brace Map)和桥形图（Bridge Map)。

思维地图中每一种类型的工具都有其相对应的思维方式，它们按照
以上的顺序分别对应分析、比较、综合、抽象、归纳、概括、分类、因
果的思维方式。思维地图中每一种类型的工具也有具体的功用。圆圈图
主要用来下定义，能够有效地锻炼学生思维的联想能力；气泡图主要是
用描述性词语或短语来修饰中心词，用来锻炼学生的特征描述能力；双
气泡图和桥形图则分别对应着对比和类推的思维方式，主要是用来锻炼
学生的比较分析能力；树形图主要用来对事物进行分组或分类，着重于
发展学生的综合分析能力；括号图强调整体与部分的关系，对应学生思
维的综合概括能力；流程图表示事件之间的顺序关系，和学生的分析能
力息息相关；复流程图则对应着学生因果分析能力的培养。

八种思维地图类型

名称	图示	思维技能
圆圈图（Circle Map）		发散思维、创新思维
气泡图（Bubble Map）		分析思维

续表

名称	图示	思维技能
双气泡图（Double Bubble Map）	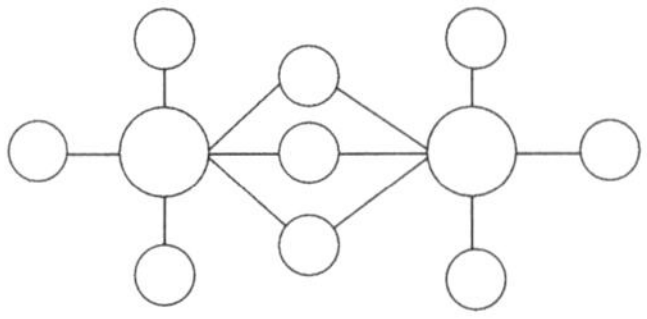	对比思维
流程图（Flow Map）	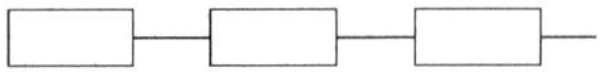	逻辑思维
复流程图（Multi - Flow Map）	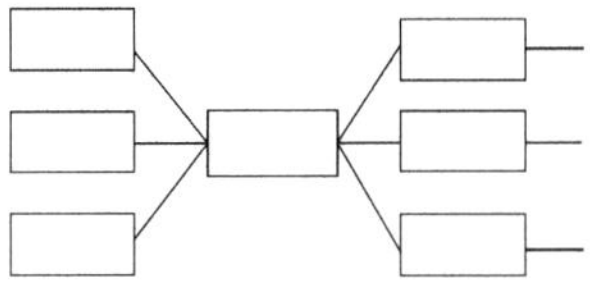	分析思维
树形图（Tree Map）	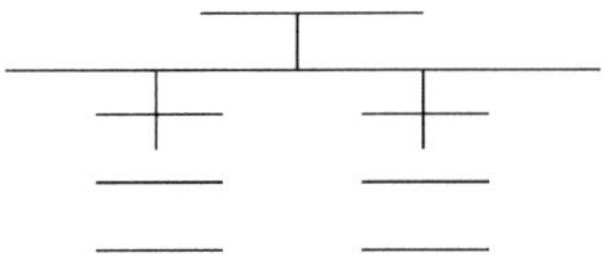	抽象逻辑思维
括号图（Brace Map）	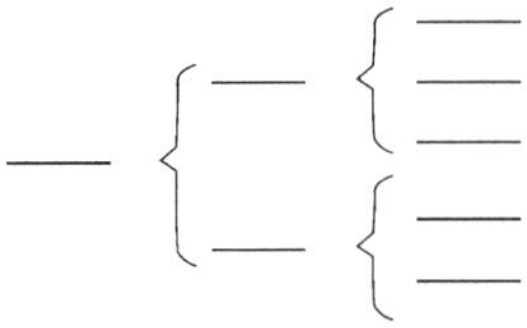	发散思维，抽象逻辑思维
桥形图（Bridge Map）		逻辑思维

与此同时，思维导图、概念图以及思维地图都是教学应用中最为常见的可视化方式，与此同时，还有 SWOT 分析、KWL 表等思维可视化工具。而在具体的教学内容和教学情景当中，教师则需要结合不同工具的特点，选择恰当的思维可视化方法。

四、思维可视化的应用形式

（一）思维可视化应用于学生课堂学习支架

思维可视化将学生纯粹的思考行为转化为可视的外在的思维活动。阅读作为学生获取知识的首要方式，学生课堂的阅读中的问题更多的是伴随着挑战性任务出现的，更多的是立足于学生的应用、分析、评价、创造等思维能力的发展。师生可以就某一问题展开讨论研究，通过绘制思维图示以共同解决挑战性阅读问题，此时思维过程在思维可视化途径的帮助下完整展现，有助于问题的解决。

此外，教师也可以利用思维可视化方式制作学习支架帮助学生回忆他们已有的知识，并使其认知结构得以整理外化，在此基础之上促进学生新旧知识建立联系，实现知识整理内化。例如在阅读中，教师可以设计学生填写思维图示的活动，让学生按照图示的指引阅读文章。思维图示既可以作为学生开始阅读的支架，帮助学生突破阅读的无目的性，也可以作为课堂讨论的基础，师生共同对正在研究的主题进行思考，生成新的想法。

通过思维可视化途径搭建学习支架，使得阅读的学习过程真正实现了以学生为主导，以语言活动为承载。学生在教师所搭建的学习支架上，建立新旧知识之间的联系，再不断内化建构新的认知结构，实现有意义地学习的目标。

（二）思维可视化应用于知识整理

"授之以鱼不如授之以渔"，英语本身具有丰富的词汇、语法、篇章的知识，英语教学本身除去讲授语言知识，更应该教会学生深度探究知识的方法、知识之间的联系以及知识的应用。阅读在进行教学内容的确定和设计时，旨在突破知识记忆层面的学习，逐步进入知识意义的生成层面，着重发展学生的逻辑思维能力，实现对于知识的深度学习，而理解的本质就是在知识间建立实质关系。

思维可视化的过程能够将零散的知识系统化，清晰呈现出知识线索之间的联系，将知识可视化和思维可视化得以融合，搭建知识网络。而且在以问题为导向的知识网络建构当中，学生永远都是知识建构的主体。学生在教师的指导推动之下逐渐创造完善自己的思维图示，而非被动地接受思维成果。最后，思维图示作为知识整理的有效工具，师生可以通过思维可视化的多种技术支持，建构教学内容的知识图示框架，使得教学过程中的零散知识点序列化，达到知识的系统化学习。

（三）思维可视化应用于教学评价

思维可视化可以通过思维图示对学生的思维过程进行考量和评价。它可以完整地呈现学生的思维。当教师在观察学生制作的思维图示时，可以接近学生的思维与知识结构。这些都为教师在后续教学上采取针对性的措施提供了启示。教师也可以通过思维图示不断反思和评估自己的教学过程，认清不足，提升改进自己的教学。学生可以通过自我提问和思维图示的前后对比找出绘制缺陷，学会评估反思自己的作品。

【课例呈现】

北京版小学英语
六年级第三单元 Travelling experiences 单元整体教学设计

授课年级： 六年级（一年级起点）

单元整体分析

单元教学内容分析：

第三单元的主题为 Travelling experience，通过三个对话的学习及阅读拓展语篇，学生们能够在谈论旅行经历的过程中学会描述旅行时间、地点、出行方式、特殊事件等，同时了解交通工具的发展对于出行的作用。本课是第三单元的第三课时，前两课围绕上周末 Mike 一家去杭州旅行这一话题展开，主要功能句型是询问如何出行，重点词汇也是交通工具。第三课时继续从出行这一话题进行讨论，谈到了古代的出行和现代出行的方式以及不同，并由此引出现代交通工具给出行带来的方便，更重要的是引发学生思考发明物给生活带来的改变。本课功能句型是询问发明人："Who invented the...?"以及相应答语"...did."。

学生情况分析

对于六年级的学生来说，课文本身较容易理解。但是 vehicle，invented 和 invention 是第一次接触。学生不太好记住 vehicle 的发音，所以针对 vehicle 的发音问题，教师采用分音节的方式来帮助学生掌握。Invent 和 invention 这两个词汇的意思教师通过图片和语言解释、引导学生观察两个词的相同处等方法帮助学生去理解，并在后面通过反复讨论发明物的形式加强学生对 invention 的理解和记忆。

本课除了学习重点句型 Who invented the...?，还需要学生能够用简单的语言来描述发明物给生活带来的变化。因此从教学开始，教师就重点对这方面进行渗透。从 free talk、课文学习、对话学习、输出等活动中，教师利用图片、语言等方式帮助学生从感知理解语言到主动运用语言来评价发明物给生活带来的变化。

单元框架

```
                    Travelling experience
         ┌──────────┬──────────────┬──────────┐
     Period 1    Period 2       Period 3    Period 4
 A little accident  Fantastic    Inventions make  Revision
    in travel        travel     travelling more
                                  convenient
```

Period 1	Period 2	Period 3	Period 4
A little accident in travel	Fantastic travel	Inventions make travelling more convenient	Revision
Mike一家周末去杭州，由于自己把护照落在酒店，全家错过了航班。父母不高兴，因为他们不能按时上班，Mike不能按时上学。	通过复习第1课时Mike去杭州度假，引出如何度假，从而引入第10课的学习，通过思维导图来梳理旅行的相关知识。	通过前两课的学习，本节课学习古代的出行方式，学生分析出行方式的利弊，从而引出现代的交通工具是哪些人来发明的，通过思维导图总结梳理。	利用听、说、读、写等活动，进一步理解和运用旅行经历及如何出行的句型，实现语言的内化和输出及绘本的融入，让学生更加掌握相关旅行内容。

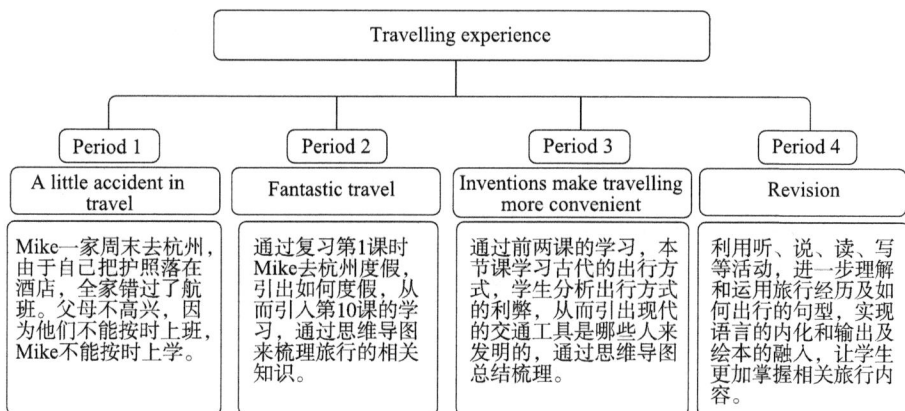

课时教学目标

①能够听、说、读、写 many，ride，horse，smart；认读、理解 those vehicles，some smart people 等短语。

能够用 Who invented...？/... did. 询问和回答某种物品的发明人并在情景中正确使用。

②借助图片和视频理解课文对话，获取课文中的相关信息，正确朗读课文，并能在图片的提示下，尝试复述课文。在理解课文的过程中，借助图片等资料，了解古人的出行方式并进行表述。

③借助图片认识 the Wright brothers，Carl Benz 等著名人物，并能在交际活动中运用。感受历史上有关交通工具的重要发明给现代人的生活带来的便利以及发明家们解决生活中问题的积极向上的态度。

教学重点

①能够用 Who invented...？/... did. 询问和回答某种物品的发明人并在情景中正确使用。

②借助动画和图片，理解对话内容，能正确朗读。感受历史上的重要发明给现代人的生活带来的便利。

教学难点

①学生正确朗读 vehicle 的发音。

②学生能够使用自己的语言提出问题、评价发明物。

教学过程

Warming up & Lead in：激活已知，导入课题。

活动 1：Enjoy a song

教师播放一首歌曲并提问：What is the song about?

活动 2：Free talk

学生通过和教师进行 free talk 回忆交通工具的词汇，并思考交通工具的特点。

T：I came to school by bike today. It's easy and comfortable. How about you? How did you come to school today? Why?

设计意图：通过歌曲引入话题，学生与教师结合现实情况进行谈论，自然进入课堂学习。

Learning and Understanding：学习理解

活动 3：Watch and think

教师引导学生观看动画，获取主旨信息，理解对话大意。Please watch and think，how do Baobao and Yangyang go to school? What are they talking about? Yes，they are talking about travelling in the old days and nowadays.

活动 4：Read and find

教师提问：How do people travel nowadays? How about travelling in the old days?

Ss：In the old days，people walked or rode horses because there were no cars...

教师板书交通工具名称。

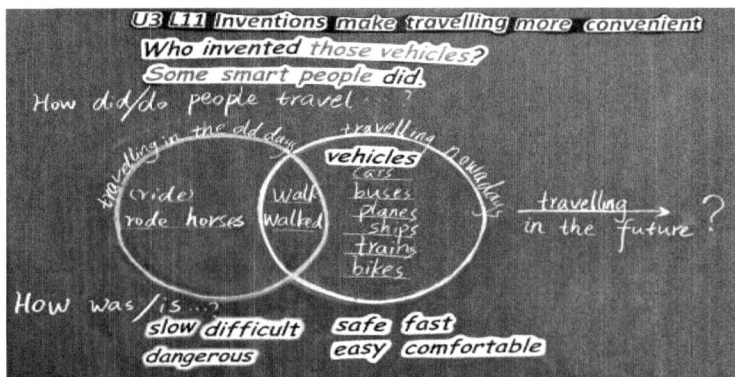

活动 5：Watch and find

教师播放课文动画，让学生寻找文本中的细节信息 How was travelling in the old days？/How about nowadays？。通过唐僧取经的故事今昔对比，引导学生深入理解对话，体会巨大变化。Do you know the story The Journey to the West？/It's 50,000 li from Xi'an to India. How did they go there？/How long did it take？/How do we go there now？/How does it take to get there by plane？

设计意图：教师第一遍播放动画引导学生获取故事的大意，第二遍帮助学生获取文本中的细节信息，并用学生耳熟能详的唐僧西天取经的故事帮助学生体会出行方式的巨大变化。运用韦恩图帮助和学生共同整理古代和现在相同以及不同的出行方式，培养学生的分析比较能力。

活动6：Listen and say

教师引导学生思考谁带来的这些巨大变化，引导学生评价新时代的交通工具，体会发明物给我们生活带来的变化。

T：Great changes！Who made the changes？

S：Some smart did.

T：What did they do？

S：They invented those vehicles. Great inventions make great changes for our life. How's our life now？

T：Yes, our life is easy and comfortable. The inventions make our life easy and comfortable. They also make travelling safe and fast. If you have the chance to say thank you to them, what would you like to say？

设计意图：教师通过引导学生思考是谁带来的这些巨大变化，引导学生评价新时代的交通工具，培养学生批判评价的能力，帮助学生体会发明给我们生活带来的巨大变化。

Applying and Practicing：应用实践

活动7：Watch and follow

学生跟读课文，内化语言，进一步纠正发音，模仿语言语调。

活动8：Ask and answer

师生根据黑板上的思维导图，以问答的形式复述故事，内化语言。

活动9：Watch and match

教师播放关于一些重要交通工具发明的小视频，学生阅读任务单完成连线任务。

Carl Benz	Plane	People wanted to make travelling fast and easy.
The Wright Brothers	car	People wanted a new kind of vehicle that could go much faster and carry more than carriages.
Gustave Trouve	train	People wanted to build a clean and quiet vehicle.
George Stephenson	E – Car	People wanted to fly in the sky like birds.

设计意图：师生进一步巩固所学语言及内容，内化所学，同时教师引导学生进一步拓展所学内容，师生在交流中谈论一些发明的发明者，将本课所学重点语言进行操练，同时学生进一步感受创新和发明使社会进步，并给人们的生活带来便捷。

Transferring and Innovation：迁移创新

活动 10：Read and discuss how to be a smart people

In the early 18th century，people wanted a new kind of vehicle that could go much faster and carry more than carriages. George Stephenson wanted to solve（解决）the problem. He practiced more. In 1814，he invented the first train. Trains can carry more things. They also make our travelling safe and fast.

活动 11：Talk about problems we have with travelling

1. Make a demonstration.

2. Talk in pairs about problems and inventions about travelling.

Hi！My name is _____ . I want to invent a new vehicle. I want to solve the problem of _____ . It can make our travelling _____ .

Homework and summarize：

教师总结并布置作业：Hopefully，you will invent thing to make our travelling easier and more comfortable. Please draw a picture about the vehicle in the future and introduce it.

设计意图：教师引导学生深入思考发明的原因，关注生活中的问题，并积极思考，尝试解决问题。在作业中，引导学生思考未来的出行方式并尝试运用所学语言介绍，培养学生的创新思维。

教学评析：

①通过韦恩图，分析比较古今的出行方式的异同，培养学生的分析比较能力。

课堂中教师引导学生说出古代和现在不同的出行方式，利用韦恩图进行比较分析，并引用学生熟悉的唐僧取经的故事，帮助其了解古代的出行方式，方便进一步分析比较。

②引导学生对不同的出行方式进行评价，培养其批判性思维能力。

教师引导学生思考谁带来的这些巨大变化，引导学生评价新时代的交通工具，培养学生的批判性思维，引导学生体会发明物给我们的生活带来的变化，激发学生发明创造的兴趣。

③引导学生思考未来出行方式，培养学生的创新思维能力。

教师在作业中，引导学生思考未来的出行方式，并让学生尝试运用所学语言进行介绍，复习本课所学语言的同时，培养了学生的创新思维能力。

参 考 文 献

［1］中华人民共和国教育部．义务教育英语课程标准（2022 年版）［S］．北京：北京师范大学出版社，2022.

［2］中华人民共和国教育部．义务教育英语课程标准（2011 年版）［S］．北京：北京师范大学出版社，2011.

［3］刘濯源．思维可视化：减负增效的新支点［J］.中小学理，2014.

［4］王碧珍．基于思维导图的小学语文群文阅读教学［J］.名师在线，2019.

［5］赵国庆，杨宣洋，熊雅雯．论思维可视化工具教学运用的原则和着力点［J］.电化教育研究，2019（9）：59－66，82.

［6］史艳珑．思维导图在小学英语口语交际中的应用［J］.新课程，2022.

［7］［英］托尼·巴赞．思维导图放射性思维［M］.李斯，译．北京：世界图书出版公司北京公司，2004.

［8］岳河．思维可视化在小学高年级语文阅读教学中的应用研究［D］.济南：山东师范大学，2019.

第七章

客观评价文本，培养批判思维

李大雁

在当前信息技术发展与"互联网＋"时代的到来，使教育面临着越来越多的挑战。为了更好迎接这些挑战，教育也必须做出改变。联合国教科文组织编著的《反思教育："向全球共同利益"的理念转变》一书就提到了培养学生学会批判性思维、独立判断和开展辩论（联合国教科文组织，2017）。《21世纪技能》（21st Century Skills）也明确提出要培养个体批判性思维。《国家中长期教育改革和发展规划纲要（2010—2020年)》指出，教育要培养大量创新人才，探索创新人才的培养途径。而只有唤起人的问题意识与批判意识，打破惯性思维，才能够使创新成为可能（教育部，2010）。2014年3月教育部发布了《关于全面深化课程改革落实立德树人根本任务的意见》，指出要提高学生的核心素养，必须从基础抓起，把素质的培养深入每个学科的教学过程中，使无论哪个学科，都以素质教育为中心，这样才能实现课程改革的目的（教育部，2014）。批判性思维是英语学科"核心素养"之思维品质的重要组成部分，会受到越来越多英语教育工作者的重视。与此同时，世界各国（地区）或者组织都制定了符合本国（地区）情况的核心素养体系，而批判性思维在许多国家、地区、组织中都被提及。可见批判性思维能力是学生必备能力之一，无论是对于学生更好地适应社会还是教育的可持续发展都具有重要意义。

发展学习者的批判性思维首先要了解它的内涵，然后找到合适的发展手段，从而有目的、有层次性地训练，促进其发展。理查德·保罗认为，批判性思维是为了决定一件事情的真正价值和意义而采取恰当的评价标准，以实现对事物的准确评价，是一种灵活运用的自我引导、自我约束、自我监督和校正的思维（理查德·保罗，2014）。刘儒德教授认为批判性思维是对所学东西的精确性、真实性、性质与价值等方面做出的个人判断（刘儒德，2000）。钟启泉教授认为，批判性思维是发现某种事物、现象和主张的问题所在，然后根据自身的思考逻辑地做出主张的思考（钟启泉，2002）。林崇德认为，思维的批判性指思维活动善于从不同视角，深刻、广泛分析与批判的程度。也是对思维活动本身各个环节及各方面进行调整、校正的自我意识。批判不是否定，而是发现不同和差异，发现前人、他人未能发现之处（林崇德，2016）。综上，批判性思维不是一味否定，是有质疑、求证、分析的态度和行为，发现不同事物的差异和共性，是一种基于已知的判断力。

《义务教育英语课程标准（2022年版）》中英语学科核心素养中对于思维品质这样写到，人的思维个性特征，反映学生在理解、分析、比较、推断、批判、评价、创造等方面的层析和水平。思维品质的提升有助于学生学会发现问题、分析问题、解决问题，对事物做出正确的价值判断（教育部，2022）。思维品质的提高不是一蹴而就的，需要持续而有意识培养。批判性思维作为"英语学科核心素养"中思维品质的重要组成部分，需要教育者和学习者的持续关注。英语学科由于英语和非英语国家文化、语言以及教学活动的差异，具有发展学生批判性思维能力的独特优势。教师应该充分把握教学内容、教学活动，以及课堂生成，发展学生的批判性思维。

一、留意图片中的反常信息，发展思维的批判性品质

阅读图片对理解文本内容有重要的作用，这些图片可能包含了无法表述的画外之意。教学文本中经常存在一些图文冲突，冲突会引起人们对同一事件的不同看法，教师应该巧妙利用这些冲突，发展学生批判性思维，引导学生做出客观公正的评价，帮助学生形成正确的观念。

丽声妙想英文绘本第一级"My Dad"一课中的"爸爸"是一位消防员，面对火警警报以及同事的催促，"爸爸"面带微笑一件又一件穿上消防员的衣服。文中全程微笑的"爸爸"与火警警报以及同事的催促产

生了强烈的冲突，学生就此冲突展开讨论。Is Dad a good fire fighter? 学生就自己的生活经历结合文本展开思辨，这样的思辨活动培养了学生的批判性思维。

二、深挖文本内容，发展思维的批判性品质

部分英语教材、英语教学的文本内容，本身具有明显的批判性。例如有些课文内容本身是对某些现象、观点或者行为的批判，有些是针对问题不同观点的讨论，这些学习内容本身具有批判性，教师可以根据这些内容，合理设置教学活动，发展学生思维的批判性品质。

《孔融让梨》作为一个中国传统故事，本身就具有一定的批判性。故事本身传达了孔融年纪虽小但懂得让梨，尊老爱幼。除了故事中原有的寓意之外教师还可以引导学生思考：孔融先拿到梨，可不可以不让梨？很多时候都是先到先得，不让梨的孔融还是一个好孩子吗？为什么？如果你是孔融你会怎么分梨，为什么？学生思维容易受限于故事本身的寓意，教师的进一步引导才有可能帮助学生探索、分析、论证并形成自己的观点。教师首先要有一定的批判性思维培养的意识，深入挖掘文本中的批判性思维培养点，尊重学生的观点，引导学生形成自己的价值观。

三、巧设教学活动，发展思维的批判性品质

思维的批判性是在深刻性的基础上发展起来的品质，只有深刻的认识、周密的思考，才能全面准确地做出判断。《孟子·尽心下》也写道："尽信书，则不如无书。"教材中的文本受限于篇幅只能表示事物的一个方面，教师可以根据学生能力设计教学活动，对教材进行补充，引导学生大胆质疑，多角度思考问题。

外研版小学英语教材（一年级起点）二年级上册中第九模块，利用诗歌介绍四季的特点以及应有的着装。小诗语言简洁，朗朗上口，但是没有说明是哪个地方的气候特征，整个单元也没有再介绍其他地方的气候特征，教师如果只停留在诗歌语言本身，学生对气候的认知很容易受限，认为所有的地方都是冬冷夏热。教师如果提问：Is it always cold in winter and hot in summer? 学生会根据自己的旅行和生活经历产生更新的思考。有些同学会回答"Yes"，有些同学会回答"No"。这时请同学举

例说明，学生会说："It is warm in winter in Hainan." 教师此时通过地图可以让学生进一步了解中国南方和北方气候的不同。也可以引入南半球澳大利亚、新西兰等国家的气候资料，让学生进行分析比较，教师可以提问：What season is it in Australia now? If you want to go to Australia to have a holiday, what clothes should you bring? 让学生全面客观地认识各地不同的季节特征。教师设计丰富的教学活动，鼓励学生大胆质疑、探究，让学生得到客观全面的认识，发展学生的批判性思维。

四、基于课堂生成，发展学生的批判性思维

课堂是师生思维的碰触，批判性思维的发展存在可遇而不可求的时机，教师要善于智慧地抓住课堂中的思维火花发展学生的批判性质思维。《典范英语》What a bad dog! 一课中，Floppy 是一只很调皮的狗狗，平时给家人带来了很多困扰，但是一天晚上却救了全家人，学生对 Floppy 这一形象展开了辩论。

T：Is a floppy a bad dog?

S1：Floppy went on the concrete, but Dad was working. So he is a bad dog.

S2：Floppy saves all the family's life. So he is a good dog.

S3：Floppy went in the mud，pulled the Lego over，put the washing down. He was so naughty and did all the bad things. So he is a bad dog.

S4：Floppy barked and barked and chewed up Dad's slipper. So he is a bad dog.

S5：Floppy did those things to tell the family that the kitchen was on fire. He is good.

S6：In the evening，he did dad things to save the family. But During the daytime，he did so many bad things. He is bad.

S7：Life is important than all other things.

我们可以看到学生已经领悟了故事的内涵，尽管故事的结尾写道："What a good dog！"学生依旧对 Floppy 的形象展开了思辨，且有理有据。课堂中这种思辨活动让学生在观察、对比、分析、推理中找到比较合理的解释，教师要鼓励学生的思考，形成自己的主张，对于一些极端、负面的主张也要及时进行正向引导和调控，促进学生思维发展的同时帮助其形成正确的价值观。

【课例呈现】

外研版《新标准小学英语》
二年级上 Module 2 单元整体教学设计

授课年级：二年级（一年级起点）

单元整体分析

单元主题：Health Food，Happy Friends

饮食是我们生活中必不可少的部分，也是人与人之间情感的调节剂。希望通过本单元的学习学生能够理解并践行健康饮食理念，通过分享美食更好地与他人相处。

在本单元的学习中，学生将理解不挑食、均衡营养的重要性，理解并践行"光盘行动"；理解人与人、人与动物的饮食偏好的不同，理解不同地区、不同国家的饮食文化的不同；学会尊重不同的饮食文化，询问他人的饮食喜好，换位思考，热情招待他人。

单元内容分析

单元中语篇内容，语言和主题意义分析如下：

语篇类型	语篇内容	主题意义	核心语言
L1 对话	故事讲述了小 Tom 积极表达自己对食物的喜好，却太挑食，最后在 Ms Smart 糖果的激励下不再挑食，理解要均衡饮食	拒绝挑食均衡饮食	食物名称：rice, noodles, meat, sweet 表达喜欢和不喜欢：I like.../I don't like...
L2 对话	故事讲述了 Sam 面对 Amy 送来的不同食物，吃完后有不同的反应，也表达了自己对 Amy 送来不同食物的喜好	理解人与人之间不同的饮食偏好	食物名称：ginger, onions, ice cream, meat 与他人就饮食进行交流 ... for you. Thank you. Sorry.
L3 对话	故事讲述了 Amy 邀请 LingLing 到家中做客，询问 LingLing 的喜好并制作了美味的水果奶昔招待 LingLing	询问他人的饮食喜好，并热情招待他人	水果名称：banana, apple, milk, orange, （fruits） 询问他人喜好：Do you like...
L4 对话	故事讲述了 Amy, LingLing 和 Sam 去养猪场参观的对话。通过询问大叔了解小猪对食物的喜好，故事让学生进一步了解到人与动物有不同的饮食习惯	理解人与动物之间有不同的饮食偏好	食物名称：tomato 询问他人喜好：Do they like...？

补充语篇

语篇类型	语篇内容	主题意义	核心语言
L5 对话	故事讲述了龙侃侃、凤闪闪和晨晨以及妈妈一起去吃火锅，晨晨教大家涮火锅的故事	理解不同地区、国家有不同的饮食文化	食物名词：mutton, beef stripe, fish, sauce, chili 描述涮火锅：put in, take out, seven up eight down

续表

语篇类型	语篇内容	主题意义	核心语言
L6 绘本故事	故事讲述了小女孩去好朋友小怪物 Toon 家做客，Toon 拿出自己最喜欢的食物招待客人，可是不同的饮食习惯却没有让客人开心	渗透饮食习惯差异，只有尊重饮食习惯差异，换位思考，才能更好地热情待客	食物名词：bread, cake, snack 饮品名词：juice, water 招待他人：Have some…? / How about some…?

文本分析

【What】本课选自外研版小学英语教材二年级上 Module 2 Unit 1，"I don't like meat." 为家庭日常对话。讲述了 Sam 和 Amy 到 LingLing 家做客，Tom 面对 Sam 和 Amy 送来的面条、米饭和肉都不喜欢，他只想吃糖，在 Ms Smart 糖果的激励下不再挑食，吃掉了他不喜欢的米饭和肉，践行"光盘行动"的故事。

【Why】：建构对健康饮食认知，拒绝挑食，养成健康的饮食习惯，理解并践行光盘行动。

【How】：该对话探讨了小 Tom 的饮食偏好，涉及与食物有关的词汇如：rice, noodles, meat, sweet，以及交流饮食偏好使用的核心语言"I like…/I don't like…"。通过 Tom 的挑食行为引发学生对健康饮食的思考，树立对健康饮食的认识，为拒绝挑食、理解并践行"光盘行动"奠定基础。

本课旨在引导学生运用对话中核心语言表达自己的饮食偏好，在探究 Tom 饮食行为的过程中认识到不挑食的意义与价值，学会理解并践行"光盘行动"，逐步养成健康的饮食习惯。

学情分析

基本情况：本节课所授对象为二年级学生，二年级学生英语学习热情高涨，喜爱活动丰富的课堂，对故事有着强烈的阅读兴趣。在一学年的英语学习中学生已基本掌握了一些英语单词及句型，有一定的英语对话以及短篇故事阅读基础。

存在问题与可能原因：本课为学生喜爱的故事，在概括与整合活动中受限于语言水平，学生可能不能完整地概括故事大意；在应用实践活动中学生可能不能正确评价故事中的人物；在迁移创新活动中学生对食物对人体的益处相关知识不足，无法向他人提供建议。

拟采取的解决措施：为解决以上问题，在教学中通过问题引导、换位思考帮助学生进一步分析人物情感；概括与整合环节教师给学生一定的语言支架，让学生通过语言支架的辅助尝试完整地概括故事内容；应用实践环节，通过问题链帮助学生在对比中分析人物；在迁移创新活动中教师给予学生一定的知识铺垫。

单元内容分析

单元教学设计框架：

结合单元主要板块内容，提炼出本单元三个课时小观念，即拒绝挑食、均衡营养，了解饮食差异、尊重饮食文化，换位思考、热情待客三个课时小观念，结合单元内容进行构建，形成单元大观念。饮食是生活中必不可少的一部分，学生通过学习能够理解拒绝挑食、均衡营养的重要性，了解饮食差异，尊重不同的饮食文化，最终能够换位思考，热情招待他人（Healthy Food, Happy Friends）。围绕主题大观念和课时小观念构建，对单元中课时内容做出局部调整和补充，调整后课时内容聚焦课时小观念，结合课时小观念设计了产出任务与活动，突出了对主题意义的构建。

课时小观念 1 "拒绝挑食　均衡营养" 安排两个课时。第一课时聚焦挑食问题。结合 Lesson1 Listen point and find. 语篇的内容，融入生活中的践行光盘行动，内化故事内容，将所学内容运用于生活中。第二课时对话课，主要对语言进行操练和运用，通过创编韵文内化本单元词汇，迁移创新环节以学校分餐的真实情景，创编对话让学生能够在真实情境中运用语言，深入理解要拒绝挑食、均衡营养。

课时小观念 2 "了解饮食差异　尊重饮食文化" 安排两个课时。第一课时聚焦人和人之间的饮食喜好差异，通过为朋友做水果奶昔，询问朋友的饮食喜好。在应用实践环节进行饮食喜好的调查，了解不同的人有不同的饮食喜好。要了解他人的喜好并尊重，与此同时渗透如何招待朋友。第二课时参观农场的对话，让学生理解人和动物在饮食上存在不同之处，拓展所学内容，鼓励学生绘制思维导图。

课时小观念 3 "换位思考　热情待客" 安排两个课时。第一课时聚焦火锅文化，通过龙侃侃和凤闪闪的故事让学生学会火锅相关的词汇并学习简要描述涮火锅的过程，补充北京火锅与四川火锅的对比，让学生单元主题：
Healthy Food, Happy Friends

拒绝挑食 均衡营养　　了解饮食差异 尊重饮食文化　　换位思考 热情待客

Lesson 1对话 "I don't like meat." 故事讲述了小Tom积极表达了自己对食物的喜好，却太挑食，最后在Ms Smart糖果的激励下不再挑食。理解要均衡饮食，践行光盘行动。	Lesson 2对话 "I don't like ginger." 故事讲述了Sam面对Amy送来的不同食物，吃完后有不同的反应，也表达了自己对Amy送来不同食物的喜好。初步理解人与人之间有不同的饮食偏好。	Lesson 3对话 "Do you like bananas？" 故事讲述了Amy邀请LingLing到家中做客，询问LingLing的喜好并制作美味的水果奶昔招待LingLing，理解人与人之间对饮食的不同喜好。	Lesson 4对话 "Do they like bananas？" 故事讲述了Amy，LingLing和Sam去养猪场参观的对话。通过询问大叔了解小猪对食物的喜好，学生进一步了解到人与动物有不同的饮食习惯与饮食偏好。	Lesson 5对话 "How to eat hot pot?" 故事讲述了龙侃侃、凤闪闪和晨晨去吃火锅，晨晨教大家涮火锅的故事，使学生理解不同地区、国家有不同的饮食文化。	Lesson 6绘本 "ADay with Monster Toon" 讲述了小女孩去小怪物Toon家做客，Toon拿出自己最喜欢的食物招待她，可是不同的饮食习惯却没有让她开心。故事体现出只有尊重差异、换位思考，才能更好地热情待客。

拒绝挑食，均衡营养，尊重饮食差异，换位思考，热情待客用所学语言表达自己的饮食偏好，就饮食问题与他人交流，询问他人的饮食偏好，尊重人与人、人与动物饮食偏好的不同，换位思考，热情待客。

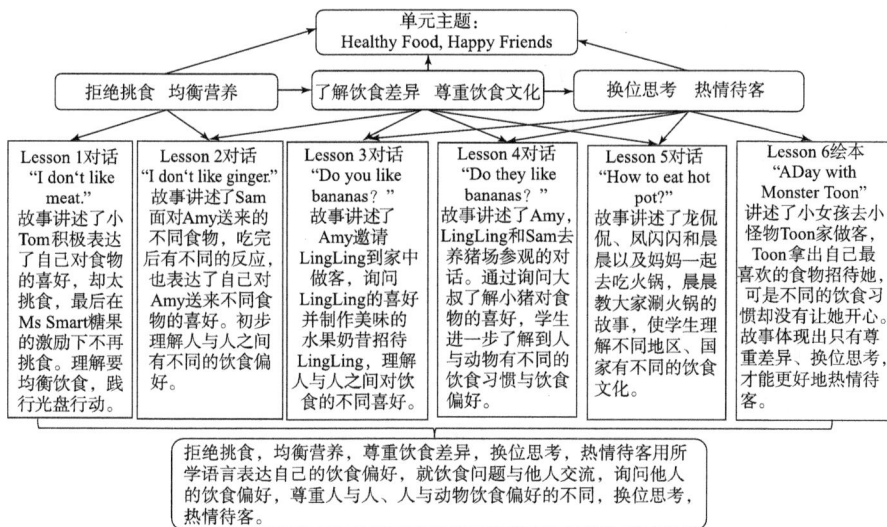

理解不同地区的饮食文化，鼓励学生调研各地特色火锅。第二课时面对小怪兽和小女孩饮食习惯的不同，学生学会尊重差异、换位思考，更好地热情待客。

根据调整后的内容，结合课时小观念进一步分析涉及语言活动，梳理、提炼支持小观念构建的语言学习内容，使学生在完成本单元学习后形成结构化知识，能够迁移、运用这些结构化知识解决问题。

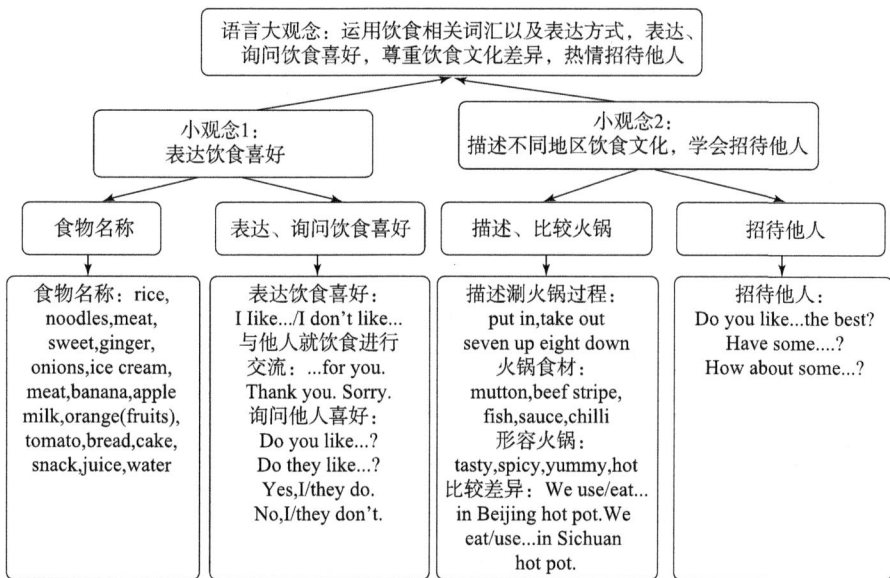

语言大观念：运用饮食相关词汇以及表达方式，表达、询问饮食喜好，尊重饮食文化差异，热情招待他人

小观念1：
表达饮食喜好

小观念2：
描述不同地区饮食文化，学会招待他人

食物名称　　表达、询问饮食喜好　　描述、比较火锅　　招待他人

食物名称：rice, noodles,meat, sweet,ginger, onions,ice cream, meat,banana,apple milk,orange(fruits), tomato,bread,cake, snack,juice,water	表达饮食喜好： I Iike.../I don't like... 与他人就饮食进行交流：...for you. Thank you. Sorry. 询问他人喜好： Do you like...? Do they like...? Yes,I/they do. No,I/they don't.	描述涮火锅过程： put in,take out seven up eight down 火锅食材： mutton,beef stripe, fish,sauce,chilli 形容火锅： tasty,spicy,yummy,hot 比较差异：We use/eat... in Beijing hot pot.We eat/use...in Sichuan hot pot.	招待他人： Do you like...the best? Have some....? How about some...?

语言大小观念建构流程

课时教学目标

①获取 Tom 对待食物的过程，共建故事结构图。

②梳理 Tom 对待食物的行为，分析其心情变化。

③评价 Tom 对待食物的行为，为 Tom 提出合理建议。

④联系学校生活中的"光盘行动"，知行合一，学以致用。

教学重点

①获取 Tom 对待食物的过程，共建故事结构图。

②梳理 Tom 对待食物的行为，分析其心情变化。

教学难点

①评价 Tom 对待食物的行为，为 Tom 提出合理建议。

②联系学校生活中的"光盘行动"，知行合一，学以致用。

教学过程

Warming up&Lead in：感知主题，引入故事

活动1：老师手拿一罐糖果问学生：Do you like sweets? Tom also likes sweets. But this time，will Tom get sweets? Let's come into Tom's story.

设计意图：教师通过手拿一罐糖，引出本课的关于食物的主题，并说明课文中的人物 Tom 也喜欢吃糖，但是这次他能得到糖吗？激发学生的阅读兴趣，带领学生一起阅读故事。

Learning and Understanding：学习理解

活动2：梳理故事大意，分析人物情感

LingLing 和 Daming 到 Sam、Amy 和 Tom 家做客，他们一起吃饭的时候，小 Tom 却什么都不吃，教师带领学生获取小 Tom 对食物喜好的信息，分析 Tom 的情感：

获取故事信息	分析人物情感
T：Sam takes the noodles. Does Tom like noodles?	T：Is he happy?
T：This time，what's in Amy's hand? T：Does Tom like rice?	T：Is he happy this time?
T：This time，Sam takes the meat. Does Tom like meat?	T：How does he feel?

设计意图：教师引导学生观察图片，通过图片中人物的动作、表情，猜测 Tom 对食物的喜好，并通过阅读对话验证猜测，帮助学生理解故事，为后续评价人物以及人物行为打基础。

活动3：预测故事情节，培养推理能力

教师引导学生观察图片提问：Look what does Tom find? What are these? Look at Tom's face, does he like sweets? But, can he get sweets? 引导学生获取 Tom 对糖果的态度，并预测 Tom 是否能够得到糖果。

Tom 的妈妈来了，Tom's mother says sweets are for good boys. Is Tom a good boy? Why? 学生初次评价 Tom 是不是一个好孩子并给出理由。通过回答：If Tom wants to be a good child, what can he do? 让学生纠正 Tom 的行为，分析其心情。

M2U1 I don't like meat.

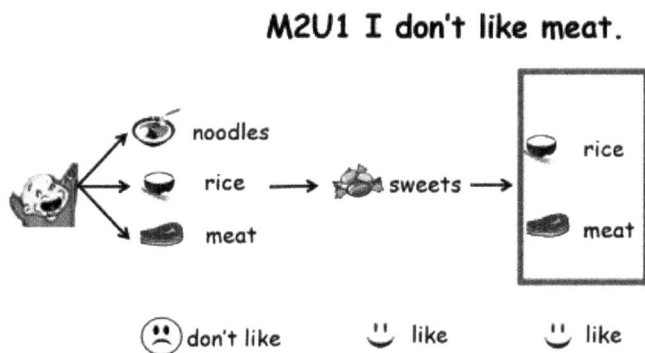

故事最后所有人做到了"光盘"，教师通过 Can Tom get sweet this time? Are they good children? Can they get sweets? Are they happy now? 引导学生评价 Tom 的行为，以及所有人物的行为。

设计意图：教师引导学生根据已知预测故事情节，通过观察图片获取 Tom 对糖果的态度，预测 Tom 能否得到糖果，学生初次评价 Tom 并给出理由，此时教师引导学生从多角度思考，并适时追问，发展学生的批判性思维，并通过换位思考，帮助 Tom 得到糖果，故事最后教师通过以糖果为"评价标准"，帮助学生再次评价 Tom 以及故事中所有人物的光盘行为，帮助学生进一步理解故事的主题意义。

活动4：概括整合故事结构与心情变化

教师引导学生完成故事结构图并走入人物内心，分析人物的心情变化。Sam and Amy bring Tom noodles, rice and meat. But he doesn't like these food and he is unhappy. He likes sweets. Mom says "Sweets are for good boys." He wants to eat sweets so he eats rice and meat. He is unwilling. At last, he gets sweets, he is happy.

M2U1 I don't like meat.

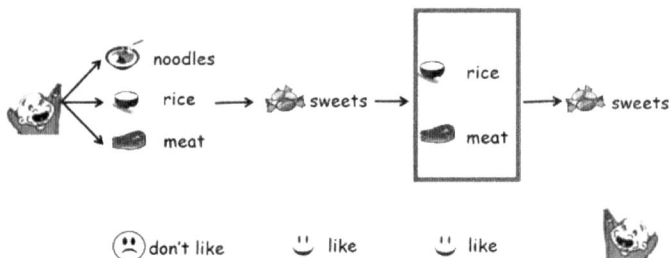

设计意图：教师引导学生完成故事结构图并梳理故事情节，帮助学生有条理地讲述故事，进一步内化语言；通过分析 Tom 的心情变化，走进人物的内心，为后续深入理解故事奠定基础。

Applying and Practicing：应用实践

活动 5：跟读录音，回顾故事情节

教师通过播放故事音频，引导学生逐句朗读文本，纠正单词和句子的发音，模仿音频中人物的语音语调，习得语言。

活动 6：角色扮演，体会人物情感

低年级学生以形象记忆为主，学生通过角色扮演，能够更好地内化所学内容，理解故事；小组合作的形式，让学生在学习知识的过程中，学会更好地与他配合，互相学习，合作完成任务。

活动 7：思考、评价人物行为

在学生进一步熟悉文本后，教师通过问题链，带领学生思考并评价 Tom 的行为，培养学生批判性思维的能力，此时教师手拿着糖：

T：At first, Tom doesn't like noodles, can he get sweets?

S：No.

T：Is he a picky boy?

S：Yes.

T：The second time, Tom doesn't like rice and meat, can he get sweets?

S：No.

T：What kind of boy is he?

S：A picky boy.

T：The third time, Tom likes sweets, but can he get sweets?

S：No.

T：What do you think of him?

S：He is a greedy boy.

T：Look！Tom eats rice and meat，can he get sweets this time?

S：Yes.

T：How do Tom feel?

S：He's very happy.

T：They are good children and they can all get sweets this time!

设计意图：学生通过跟读录音，回顾故事情节进一步内化文本语言；角色扮演的形式，为学生创设应用语言的情景，帮助其更好地理解人物，并学会与他人合作；故事最后，教师以串联本课的糖果作为评价 Tom 在不同阶段行为的依据，并引导学生对故事不同阶段的 Tom 的人物形象进行评价，培养学生的批判性思维。

Transferring and Innovation：迁移创新

活动 8：养成不挑食的习惯，落实"光盘行动"

故事最后，教师表扬"光盘"的学生，引导学生创编语段，帮助其他同学践行"光盘行动"。Look at the picture. In our class，these students can eat up all the food. If you are one of these students，what will you say to help others eat up all the food? 并发出为了我们的健康，不挑食，践行"光盘行动"的倡议。

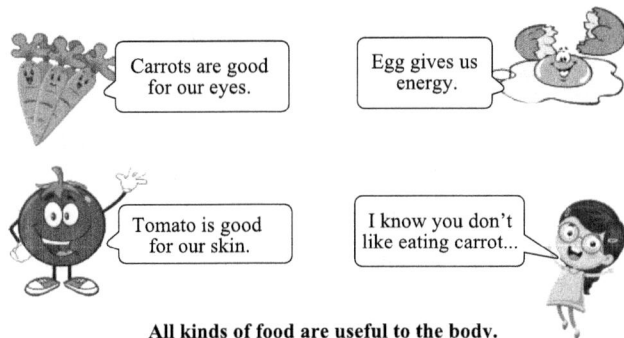

Carrots are good for our eyes.

Egg gives us energy.

Tomato is good for our skin.

I know you don't like eating carrot...

All kinds of food are useful to the body.

设计意图：学生通过阅读材料，获取食物对身体益处的相关信息，创编语段，帮助身边的同学认识到要均衡营养，各种食物都有自己的价值，所以不能挑食，要践行"光盘行动"，深入理解故事的主题意义。

【教学评析】

1. 在教学活动中培养学生的思维能力

（1）提高学生逻辑思维能力。

本节课在图片环游过程中，师生共同梳理故事中 Sam 和 Amy 为 Tom 送来的食物，以及 Tom 遇到这些食物时的心情。师生在概括与整合的活动中，梳理故事情节、分析人物心情，共建故事结构图，尝试有条理地讲述故事，培养学生思维的逻辑性。

（2）提高学生批判性思维能力。

师生在共读文本的过程中，以 Tom 是否得到糖果作为评价 Tom 行为的依据，帮助学生进一步理解拒绝挑食、均衡营养的重要意义；迁移创新环节中，通过评价在故事发展过程中 Tom 的形象，提高学生的批判评价能力，培养批判性思维。

（3）提高学生的创新思维能力。

迁移创新环节中，学生获取食物对人体益处的相关信息，理解不同食物对人体也有不同的益处，尝试运用所学语言为不喜欢吃这些食物的同学提供建议，进一步理解为了身体健康我们要从各种食物中摄取营养，践行"光盘行动"。

2. 践行英语学习活动观，实现语言学习与学科育人的统一

在本节课的学习过程中，学生经历了三个学习阶段。第一阶段，学生在教师的问题引领下，发展通过"看"获取信息的能力，通过看图片、听对话、读故事，获取故事大意，梳理 Tom 对实物喜好的信息，用 Tom 是否能得到糖果判断人物的行为。在理解主旨的基础上针对低年级特点，教师引导学生通过实物、图片、故事理解目标语言，识记词汇。第二阶段，通过跟读录音、回顾故事、角色扮演、体会人物情绪等活动帮助学生进一步理解文本，为真实表达奠定基础。第三阶段，随着故事情节发展，评价故事中人物 Tom。询问学生对食物的喜好，并帮助学生探讨并获取食物对我们身体的益处，理解不能挑食的原因，鼓励学生践行"光盘行动"。

学生通过"学习理解—应用实践—迁移创新"的学习过程，从基于文本的学习走向真实的生活，从理解语言到运用语言，通过交流讨论，意识到拒绝挑食、践行"光盘行动"的价值。

参 考 文 献

［1］ 中华人民共和国教育部．国家中长期教育改革和发展规划纲要（2010—2020 年）［Z］.2010 - 07 - 29.

［2］ 中华人民共和国教育部．关于全面深化课程改革落实立德树人根本任务的意见［Z］.2014 - 03 - 30.

［3］ 中华人民共和国教育部．义务教育英语课程标准（2022 年版）［S］.北京：北京师范大学出版社，2022.

［4］ 联合国教科文组织总部中文科．反思教育：向"全球共同利益"的理念转变？［M］.北京：教育科学出版社，2017.

［5］［美］保罗．批判性思维工具［M］.侯玉波，姜佟琳，等译．北京：人民邮电出版社，2014.

［6］ 刘儒德．论批判性思维的意义和内涵［J］.高等师范教育研究，2000（1）.

［7］ 林崇德.21 世纪学生发展核心素养研究［M］.北京：北京师范大学出版社，2016.

［8］ 钟启泉．"批判性思维"及其教学［J］.全球教育展望，2002（1）.

第八章

完成开放任务，提高创新思维

李大雁

在新课改背景下，越来越多的教师在关注英语学科的育人价值的同时，也更注重发展学生的能力。《义务教育英语课程标准（2022 年版）》中强调，教师要根据学生的认知特点，设计多感官参与的语言实践活动，引导学生在丰富有趣的情境中，以主题意义为引领，通过感知、模仿、观察、思考、交流、展示等活动，感受到学习英语的乐趣。在设计教学活动时，教师要践行学思结合、用创为本的英语学习活动观，秉持在体验中学习、在实践中运用、在迁移中创新的学习理念，引导学生能够在学习理解类活动中获取、梳理语言和文化知识，建立知识关联，能够将所学有所用，在应用实践中进一步内化语言和文化知识，进一步在迁移创新中结合自身实际特点或现实问题创新解决方法，培养学生的创新精神，进而解决生活中的实际问题。英语阅读教学是培养学生思维品质的重要途径，在英语阅读活动中，学生从阅读前、阅读中、阅读后三个环节培养和发展不同的能力。在阅读前活动中学生通过初次阅读获取文本基本信息；在阅读活动中进行二次细读，感知文本主题意义，提高信息整合能力；在阅读后环节巩固深化知识，深入理解文本，更是发展思维能力的重要一环。在阅读课教学设计中，教师要着眼于学生的思维品质的提升，精心设计有利于培养学生创造性思维发展的教学活动，在一遍遍的阅读中除了传授学生基础知识，也要进一步挖掘文本的内涵，拓展阅读内容，培养和提高学生的创新意识，给学生提供展示自我个性和创造性思维的平台。

在本章中主要介绍开放性任务活动在阅读教学中培养学生创新思维的内涵、意义与策略。Long 首次提出"任务"这一概念，他认为任务就是有偿或无偿为他人做事情，这些任务活动与我们的日常生活也有着密不可分的联系（Long，1985）。David Nunan 认为，"任务"指在进行教学活动时进行语言的输出。学生充分理解目标语言的前提下利用目标语言完成交际活动（Nunan，1989）。开展任务型教学是 20 世纪 80 年代普拉布通过开展一个为期 5 年的教学实验而发现和提出的。通过任务的形式引导学生能够"从做中学"，他将任务分为三个部分：前任务—任务—反馈。1987 年他在 Second Language Pedagogy 这本书中说明了任务的定义，即任务是学生经过思考从已给的信息中总结出结论的一种活动，这种活动是以意义为中心的，而且在活动的过程中学生需要根据现实情况逐步优化思考过程（Prabhu，1987）。Willis 在此基础上提出三阶段模式，即前任务—任务环—语言焦点。将最后的重点放在操练巩固上。Skehan 在二人的实践基础上又进行了完善，提出了任务前—任务中—任务后三部分，在第一个环节中教师设计任务，第二环节学生完成任务，第三环节教师进行评价总结。

随着任务型教学广泛运用于外语教学，在我国以吴旭东、夏纪梅等为代表的学者自 20 世纪 90 年代开始，也针对任务型教学法展开了探究，他们将任务型教学的重点聚焦在任务实施细则及创建真实的课堂教学情境上。2002 年，鲁子问发表《任务型英语教学简述》，文中介绍了任务型教学的基本程序：一是任务需要具备真实生活的特征，并且具有可操作性；二是知识与技能教学，其中包含课堂导入、任务呈现、语言知识学习、文化信息教学、语言技能训练五个方面；三是任务完成。这是将知识与技能转换为语言运用能力的一步，可在教师指导下完成，也可以学习者合作完成。屈亚芳（2008）提出可采用比赛、表演、填空等任务活动方式的小学英语任务型教学实施策略，激发学生的学习动机，关注学生的个体差异，并合理进行作业设计。随着研究的增多，越来越多的教师关注到了利用任务调动学生学习兴趣，促进学生进一步思考的过程。但是在实践中还是会出现不同的问题，需要广大教师朋友根据学生的不同学情进一步完善提高。

一、开放性任务型教学的意义

开放性任务型阅读教学是通过观察学生在课堂阅读活动中表现出的不同特质并对其分类对比的基础上，归纳总结出的一种灵活且操作性强的开放性阅读教学模式。在该任务教学过程中注重学生在明确了阅读任务即问题的前提下，进行的各项阅读活动，进而以学生为主体，使学生完成自我探究活动，达成学习目标的过程。

（一）以学生为主体，激发学生学习兴趣

学生的学习活动行为源于自己内心的需求，在教学中通过设置开放性任务活动注重激发学生的内在学习动机，使学生能认为活动有趣、学习有意。许多学生抗拒阅读，认为阅读文本很长并且很难理解，开放性任务能够解决学生这一问题，并且助力学生摆脱"阅读孤独感"，通过协作性任务和同组同学一起围绕一个主题展开探究。新课改背景下，教师的角色发生转变，由单一的引导者转向合作者、互助者，真正成为学生的良师益友。因此，在设计任务时不仅要联系学生生活实际，营造熟悉氛围，还要符合学生兴趣，充分激发其创造性，让其在良好氛围中积极探究，确保任务实施。

如在外研版（一年级起点）二年级上册"How do you go to school?"这一课中，教师通过上学情境的导入引导学生画出自己上学时的出行方式，并尝试用英语表达。这一任务后教师进一步引导学生说出更多的出行方式，以四人为小组展开话题讨论，分享自己所熟知的出行方式，打开学生的思考之门，激发学生对本课知识学习的兴趣。

（二）注重体验过程，提高学生综合语用能力

英语学科是很注重体验性和实践性的学科。在学习中不仅要掌握知识还要提高和发展学生的思维能力。由此教师借助设计开放性任务，让学生能够在多样的活动中、真实的情境中进行不同的体验、实践，充分感受不同的语境带来的收获。在教学设计英语开放性任务活动教学过程中，学生根据教师事先设计的交际或语言项目要求，围绕主要问题或任务展开思考、陈述、交流、表达、提问以及解释等一系列活动，学生在自主互助完成任务的同时也亲身体会并理解了知识目标内容的本质和运用方法，不仅注重学生学习的成果，而且更加看重学生在这个任务完成过程中所付出的努力和表现。任务活动教学的目的在于学生的参与和探

究实践精神，在实施开放性活动教学过程中，要注重体现学生的实践体验，感受学习的过程，在过程中培养学生的语用能力。

在广州教科版小学英语五年级下册 Unit 4 "Have a good time in Hainan" 中，教师组织学生进行了第一次阅读后提出了问题：We are going to travel in Hainan for three days. If you travel to Hainan，these places must go，beaches，mountains and farms. What will you do on the beach/mountain/farm？这一问题的提出既能帮助学生梳理第一遍阅读全文就获得的关键信息，同时还让学生结合自己的生活实际，运用自己的实践经验思考哪些活动能够在沙滩做，哪些活动能在山上做，哪些活动又能在农场做，在这一讨论任务的作用下让学生充分思考，还提高了学生的辨析能力。

（三）教学内容成果化，培养学生创新思维

开放性任务的设计与运用旨在培养学生创造性思维，让其在课堂中能大胆表现、勇敢创造，以此促进素养的发展。成果展示是反映教学内容的一种形式，也可以帮助教师进行多元的评价，有助于学生综合发展。成果展示在传统单一的听、说、读、写活动的基础上要丰富形式，不拘泥于固定的形式和方法，鼓励大胆创新，以此调动学生的积极性，用英语展示自己的才华。

在绘本故事 "Happy birthday" 一课最后环节，教师设计了为故事主人公选择一样具有中国特色的礼物送给他，并且亲手绘制中国风贺卡。在此环节中能够培养学生的发散性思维和创新性思维。结合我国特有文化元素，同学们设计了多样的英语贺卡，并能够运用英语进行表达，在思维发展的同时也提升了文化自信和对中国传统文化的了解。

二、开放性任务型教学的原则

（一）真实性——创设真实情境

语言学习离不开真实的语境，学生交际能力薄弱的原因是缺乏相应的语境。要真正提高英语学习者的交际能力，形成有效的任务形式，课堂中的交际任务就必须最大限度地体现真实性。在设计开放性任务教学时教师要更关注真实的语言环境，使学生可以在贴合实际生活的任务中运用语言。任务的真实性还需要回归到任务本身以及任务的完成形式上。教师要设置贴近生活中的人际互动性任务，最大限度地模拟生活中真实

发生的任务或事件而展开教学，从而激发学习者相关生活经验，调动学生兴趣，在真实情景中感受语言，学习并运用语言。

（二）主体性——以学生为主体

传统的讲授式教学低效，学生用语言做事情的水平弱是因为忽视了以学生为主体的教学模式。教师要以学生为中心设计学习，任务型教学应遵循学生主体性，从"学"的角度设计"教"，利用多样的任务，使学生在执行任务的过程中发挥主观能动性，进行合作学习。但教师布置任务时要注意发挥教师在学生自主探究中的指导作用，给学生布置学习任务，学生自主完成，不能将任务布置流于形式，忽略学生认知发展状况，使学生的学习兴趣受挫。为学生创设轻松学习以及快乐学习的语言环境，有助于增强学生的自主学力、自我管控能力，同时也有助于树立学生的自主探究意识。

（三）实践性——从做中学

任务的设置是为促进学生学习兴趣，培养学生解决问题能力。学生个体差异性决定课堂教学任务的多样性。教师在设计任务上要避免形式重复、单一、枯燥等问题。教师要设计符合学生认知特点的、满足多层次学生需求的、形式多样的课堂学习任务，从而能调动学生多感官参与，开拓学生思维，培养学生获取信息、处理分析和解决问题的能力以及交流合作能力，以达到提高英语综合运用能力的教学目标。任务提供给学生学习内容和运用所学的机会，学生可以在完成任务的过程中再次接触语言，积累学习经验。

（四）系统性——任务层次化

任务的设计要有梯度性，通过一级一级的台阶帮助学生完成学习任务。任务设计在难度层次上呈阶梯状，任务指向的目标也是由低水平层次向高水平层次发展。设计课堂任务时需考虑任务所包括的步骤，即学生用于完成任务所使用的方法及过程；同时注重任务的顺序，在一系列任务中，某一任务所处的位置及其在一系列任务中的作用（罗少茜，2008）。任务的系统性要求任务设计能促进教学目标的达成。任务内容、形式要与教学目标相符。任务难度设置要由浅入深，从注重任务形式到注重任务意义，达成有效教学。结合学生学情和认知特点设计让学生运用所学知识来解决语言问题的任务，设置任务时不宜太难也不宜太简单，要控制在学生力所能及的范围之内。

三、开放性任务在小学英语阅读教学中的实践策略

任务设计要充分考虑不同学生的心理发展规律、认知水平和生活经历。不同的学习个体在英语阅读学习过程中存在差异。教学设计的第一个任务的设置要保证每个学生都能接受并完成。而后的任务设计要考虑难度，既要给程度较弱的同学信心，也要保证水平较高的同学在课堂中有所收获。根据 Willis（1996）提出的 TBLT 的操作模式，任务型教学的操作过程主要包括前任务、中任务和后任务三个阶段。

（一）阅读前的任务

在阅读前阶段，教师要秉持真实性原则，为学生创设真实的语境，对任务进行讨论。预读任务的目的是激发学生的阅读兴趣，传达知识背景。教师可以通过简单的活动进行导入。

1. 影像资料导入法

通过多样的教学资源为学生创建有趣的教学情境。利用影像资料等资源打造良好的交互式学习环境，激发学生学习的好奇心，增加任务完成的主观能动性。打破传统意义上的教学方式，变被动为主动，打造高效课堂。

2. 文本内容导入法

英语阅读课中所选的教学文本都会设计图片及文字信息，小学阅读多以绘本这类图文并茂的教学资料为主。教师可以抓住这一特点，通过描述文本材料中的图片或标题来介绍主题，这样学生就会更多地对主题的内容产生相关的兴趣，在阅读开始前可以通过观察图片预测故事内容的方法，使学生一下进入学习状态。

3. 文化背景导入法

阅读过程也是学习者对信息处理的过程，更是立足于已有知识对语篇的二次加工以及再创造的过程。教师可以在阅读前通过激活相关的背景知识，将学生带入阅读材料的学习情境中，使学生将大脑中所储存的信息和文本中的关键信息始终保持在活跃状态，这有利于其便捷地提取和输出，这样必然能够为接下来的教学过程奠定良好的根基。

（二）阅读时的任务

设置具体的阅读任务旨在提升学生各方面的能力，包括阅读、理解、技巧以及速度等。在这个阶段，任务可以包括猜游戏、写故事、填短句，

等等。具体任务的分配可以到具体的某人，也可以是以小组为单位。学生完成辩论、讨论、角色扮演等多样性任务。做任务时完成阅读任务后，可以锻炼学生的分析和推理能力、总结能力和表达能力。小学阶段，学生应掌握的阅读技能或应具备的阅读策略主要有：

①Skimming（略读）：在这一过程中学生限时快读全文，对全文进行快速阅读，了解各段要点，最快速度地了解整体的主旨。

②Scanning（寻读）：在这一环节要较快地阅读，根据问题，找出基本的和特定的信息。

③Close reading（细读）：在这一部分阅读速度需要放慢并且精细，结合语境对具体的词语含义和文本内容进行推测理解，对文章的上下文结构、具体的标点符号对文章的分割、前后衔接词等进行观察和分析，最终通过自己积累的相关知识经验来对词语的意思进行猜测；放慢阅读速度，较深层次地理解信息。

④Analyzing the text structure（分析篇章结构）：在阅读文章时重点关注那些关键性的词语抑或是具有关键作用的主题主旨句子，以点概面对段落大意进行把控，不能抛弃文本最开头的内容、文章的结果甚至是具体发展过程中的内容等，都要做到相应的关注。教师在设置多样的任务时要抓住这些阅读步骤，创新形式，调动学生的学习积极性，培养或提高其阅读技能，紧扣文本中的关键词或者主题句了解每一个段落的大意，除此之外，还要分析文本的开头、结果以及具体的发展过程等。

（三）阅读后的任务

阅读后的任务是在学生理解阅读任务后，加强学生运用英语的能力。这一环节也是迁移创新、检验学生学习成果的重要时刻。教师通过设置多样的迁移创新活动，调动学生任务参与度，提高教学任务的有效性，帮助学生巩固和讨论阅读内容。在语言方面教师指导学生通过小组活动向全班展示任务成果，主要形式有话题讨论、角色扮演、采访或书面表达等。在理解感受方面教师应要求学生正确理解文本内容，体悟文本意图，了解其交际功能，立足于文本结构这一关键基础找出作者的目的、态度、隐含的意思，并进行总结、评价、批判等。在延伸拓展方面要充分发挥绘本的育人功能，促进学生思想和品格的升华，帮助学生理解文本的主旨内容，深挖文本背后的内涵，不断提高任务引领下的英语阅读的作用。

1. 动手制作活动

小学阶段的学生活泼好动，酷爱动手创造，在迁移创新活动的设计中"海报制作""卡片制作"或"绘本自读书制作"的活动非常受学生们欢迎，在学生制作的过程中会发现许多他们的奇思妙想。发展学生的创新思维，有利于营造良好的学习氛围，极大地激发他们学习英语的兴趣。在制作的过程中，学生们也会充分考虑利用原有文本，再次阅读和感悟知识内容，从而加深对学习内容的印象。另外，无论是海报制作、卡片制作还是绘本制作，都是极具创造性的活动，学生们需要考虑排版、图文排列、语言运用等要素。在快乐创造的过程中，学生的审美情趣和创造性思维能力也得到了提升。

2. 换视角复述故事

在文本处理结束后教师通常会设计复述课文或角色扮演的环节去检验和巩固学生对文本内容的理解。但是学生所阅读的学习材料不一定有许多的角色和对话可以进行角色扮演，为此教师可以通过换视角复述故事的方法帮助学生进行展示活动，从而促进学生的理解。在学生换角色讲述故事的同时，他们会结合自己的语言水平进行整合优化，进一步提升自己的综合语用能力。教师引导学生把学到的新知识和新内容经过理解、记忆、解构、重构等一系列的思维活动，对掌握的语言知识进行再加工，用新的语言表达出来。这是激发学生创造性思维，提升学生阅读理解能力、语篇组织能力的有效方法。

3. 小组合作活动

小组合作形式帮助学生共同探究，碰撞出多样的成果，增强学生的合作意识。在设计阅读活动时可以通过开展小组辩论赛，针对某一观点的正面反面进行辩论，从而促进学生更深层次的思考，为学生提供了分析问题、思考问题和锻炼综合语言运用能力的机会。学生可以巧妙地运用所学过的语言知识，自由地表达自己的观点，并写出支撑观点的理由。对于学生而言，这是一项富有创造性的语言实践活动，有利于培养学生的创造性思维能力和思辨能力。

【教学案例】

北京版五年级上册
Unit 6 What are your favorite sports？单元整体教学设计

教授年级： 五年级

单元整体分析

本单元内容围绕 We love sports 这一主题展开，涉及三个语篇，均为对话形式。围绕最喜爱的运动 Sports I like（英国）、流行的运动 Popular sports I know（美国、中国）、擅长的运动 Be good at sports（加拿大、中国），以比赛场、学校、滑雪场等场景为载体，重点谈论人们不同的体育爱好及喜爱体育运动的原因，针对自己擅长的体育运动发表了自己的看法。复习课则以围绕体育活动的表达展开，基于学生在生活中的实际情况设置了三个主要的语言学习情景，统观这三课时，在情境上虽然有所不同，但三篇课文都是围绕运动这一话题，主题明确。

在学习课中分课时呈现了本单元学习的重点内容，用于询问及谈论他人体育爱好的日常交际用语："What's your favourite game?" "American football is popular." "What are you good at?" 及其相应回答："It's..." "So is baseball." "We are good at..." 在词汇方面本单元较为集中地展示了用于表达体育运动的名词：rugby，badminton，basketball，tennis，ice hockey，baseball，golf，American football，football，table tennis，taekwondo，Chinese kung fu，diving，ice sports. 学生对体育运动和有关体育的话题并不陌生，也会用"I like..." "I enjoy..." "My favourite..." 等句型表达自己的兴趣爱好。

文本分析

【What】

Mike 和 Guoguo 在滑雪的过程中谈论自己的体育爱好，并涉及介绍加拿大人擅长冰雪运动。

【Why】

通过学习 Mike 向 Guoguo 介绍加拿大人擅长的体育运动，初步了解并能简单地向别人介绍自己擅长的体育运动。理解并能够简单谈论加拿大的冰雪运动和 2022 年的冬奥会，自主表达冬奥会对自己的影响。

【How】

本课时涉及 ice sports，skiing，skating，diving 等相关单词和短语，以及 What are you good at? 以及 We are good at... 的句式询问并回答某国人擅长的运动。

学情分析

本节课的授课对象为五年级学生，他们对英语学习的兴趣较浓，能够在教师的引导下积极进行语言实践，能在情景中进行拓展运用。此外，五年级的学生对体育运动这一话题并不陌生，能够认读 football，basketball，tennis，table tennis，swimming，skating，skiing，jumping rope 等词汇短语，能够就 What's your favorite sport? My favorite sport is... 进行表达。而本课由自己的运动喜好拓展到其他国家人的运动喜好，拓宽了学生的视野，文中涉及我们中国人并不熟悉的 rugby，baseball，horse racing，ice hockey 等运动，需要教师及时补充图片、视频等资源，丰富学生对这些运动及体育文化的了解，同时本课中出现了较多的运动词汇，学生容易混淆，教师从发音和写法上要注意帮助学生进行区分。

单元教学框架

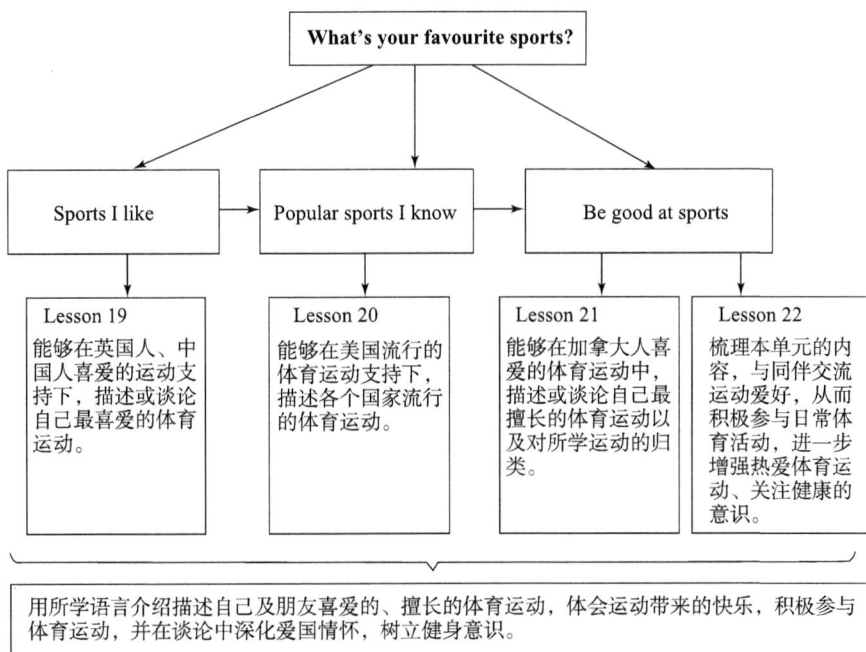

用所学语言介绍描述自己及朋友喜爱的、擅长的体育运动，体会运动带来的快乐，积极参与体育运动，并在谈论中深化爱国情怀，树立健身意识。

课时教学目标

①能够在听、说、写、看的活动中，获取、梳理对话中学习加拿大人擅长的体育运动等内容。

②在教师的帮助下能够理解、正确朗读、分角色表演对话。

③能够运用所学的语言在小组内交流某国人擅长的运动，并向全班汇报交流结果。

教学难点

能够运用所学的语言在小组内交流某国人擅长的运动，并向全班汇报交流结果。

教学重点

能够在听、说、写、看的活动中，获取、梳理对话中学习加拿大人擅长的体育运动等内容。

教学过程

Before reading 初步阅读

活动1：头脑风暴，自由讨论

教师询问：What sports do British like? What sports are popular in America? 并将本单元话题贴在黑板上，将同学们分为多个不同的组合，每个组下发一张大的海报，请学生将自己知道的与体育运动相关的词语写在上面并画上图表示其意义。将学生制作的海报张贴在黑板上进行展示，并请相应组合进行介绍。

活动2：观察图片，预测内容

教师出示 Mike 的头像并询问：Where is Mike from?

Today we are going to talk about sports in Canada. It's in North America. It has a long winter. So which kind of sports do they like? Let's go on learning and find out.

用问题导入有关加拿大人的运动爱好后，进而开启本节课的学习。

活动意图：教师对本单元前两课的重要知识进行了复习，巩固旧知的同时使学生快速进入话题中来。通过观看加拿大的相关图片，在扩充视野的同时，让学生了解加拿大的地理、天气特点，帮助学生理解、记忆加拿大人所喜爱的运动类型。

While Reading 阅读文本

活动1：提出问题，获取信息

教师询问：Today Mike is doing sports with his friend Guoguo. What are they doing? 学生进行回答，在猜测下，让学生提出自己想要知晓的问题，捕捉学生思维动态。教师记录这些问题并邀请同学进行回答。

S：Mike is doing so well, why Guoguo is not happy?

S：What will they do next? What are they talking about? What sports are Canadians good at? What about Chinese?

最终同学们在讨论中得出：Canadians are good at ice sports. They have the best ice hockey teams in the world. 学生在初读文本的过程中，抓住了加拿大人所擅长的运动。

活动2：讨论整理，梳理关系

教师抛出第二个问题：Are old people in Canada good at skiing? Why or why not? 学生展开讨论，请各小组代表充分发表本组的观点，更深入地理解"good at"，引导学生关注语言的表达形式。随即师生共同探讨加拿大人喜欢冬季的原因，通过地图帮助学生理解加拿大人热爱冬季运动和地理环境的关系。

活动意图：通过视听，聚焦细节，帮助学生深入理解会话的细节信息。借助问题引领，启发学生思维，进一步感知并深入学习核心语言，培养学生听、说、读、思的语言能力，并在学习过程中初步感知、理解并形成对冬季运动的知识建构。

After Reading 巩固新知，创新思考

读后环节要帮助学生对文本进行进一步的梳理，为学生提供多样的练习平台，在迁移创新中提升学生的思维品质，发展学生的思考能力。

活动1：跟读文本，英语趣配音

教师播放文本录音，同学们根据文本和动画画面一起进行趣配音活动，在活动中帮助学生处理不熟练的单词，运用配音任务吸引更多的人参与其中。

活动2：角色扮演

两人一组与同桌进行角色扮演，邀请同学不拿课本进行展示，学生参与评价打星，换取贴画。

活动3：拓展阅读

教师出示视频，让学生观看并学习中国人擅长的运动，再出示冬奥会的有关内容，了解北京是"双奥之城"。了解中国人擅长的运动并尝

试表达。在讨论加拿大人擅长的体育运动之后又讨论中国人擅长的运动，理解不同的文化及文化成因，培养学生比较的思维习惯，增强文化自信，感受中国运动精神。

活动 4：调查采访

教师给出采访关键信息，学生展开自由采访，创新成果形式。

①What's you favourite sport?

②Why?

③Is it a popular sport in your class?

④Are you good at it? If not, what are you good at?

整理信息后能够写出文段介绍自己朋友擅长的运动，巩固本课句型，迁移所学到生活中来。

_____ is my friend. His/Her favourite sport is _____ . Because it is _____ . He/She is good at _____ .

活动意图：教师通过多样的任务活动帮助学生进一步巩固文本，理解文本背后隐藏的文化原因，从在文本中学习到运用文本走进生活，完成迁移创新任务。

【教学评析】

1. 独立思考解决问题，培养学生思辨能力

教师深度挖掘和通读阅读材料，设计了有一定思维性的问题，采用探究学习的方式，帮助他们理解文本的本质或深层次的内涵，培养学生思维的逻辑性和深刻性。

2. 拓展活动多样，为学生搭建活动平台

在读后活动中运用了趣配音巩固文本知识，帮助学生扫除词汇障碍后开展小组展示活动。学生参与评价，给予其贴画奖励。最后，开展学生调研，让学生进一步了解身边同学的爱好，并且自己汇报采访成果，巩固文本，回归生活。

参 考 文 献

[1] Willis J. A Framework for Task – based Learning [M]. London：Longman，1996.

[2] Peter Skehan. A Cognitive Approach to Language Learning [M]. Oxford：

Oxford University Press，1998.

［3］ Prabhu N S. Second Language Pedagogy：Aperspective ［M］. Oxford：Oxford Unversity Press，1987.

［4］ Nunan D. Designing Tasks for the Communicative Classroom ［M］. Cambridge：Cambridge University Press，1989.

［5］ Long M H. A Role for Instruction in Second Language Acquisition：Task - based Language Teaching ［M］. Clevendon：Multilingual，1985.

［6］ 鲁子问. 任务型英语教学简述 ［J］. 学科教育，2002（6）：26 - 30.

［7］ 罗少茜. 英语教学中的任务设计 ［J］. 课程·教材·教法，2008（3）：48 - 53.

［8］ 屈亚芳. 小学英语任务型教学实施策略的研究 ［D］. 苏州：苏州大学，2008.

［9］ 中华人民共和国教育部. 义务教育英语课程标准（2022 年版）［S］. 北京：北京师范大学出版社，2022.

第九章

剖析文化现象，培养文化思考

李大雁

观点聚焦

《义务教育英语课程标准（2022年版）》中明确提到："学生通过英语课程的学习能够了解不同国家的优秀文明成果，比较中外文化的异同，发展跨文化沟通与交流的能力，形成健康向上的审美情趣和正确的价值观；加深对中华文化的理解和认同，树立国际视野，坚定文化自信。"在阅读教学中，有针对性的文化活动设计有助于培养学生的文化意识，提高学生的语言综合运用能力和思维能力。本章结合具体的教学案例，具体阐述在阅读教学中，在深挖教材内涵，确定文化目标；观察积累，增强文化理解力；思索甄别，提高文化分析能力；评价探究，培养文化探索力等方面来探索分层次培养学生的文化思考力的有效路径。

一、深挖教材内涵，确定文化目标

外研版小学英语教材为学生文化意识的培养提供了大量的素材，教材中有丰富的文化主题，如英语国家的节日文化、历史地理、文学艺术、价值观念等，教师可以依据学生的年龄特点、认知能力和理解能力来创造性地整合这些文化内容。从主题语境着手，充分挖掘阅读材料中的文化信息，将文化知识与语言知识在教学环节中结合，通过习得语言知识，理解文化内涵，培养跨文化意识，形成跨文化交际的目标。对于富含文化、立意深刻的单元，需要学生在学懂课文的基础上，进一步理解文化所体现的价值态度或人文精神。教师可以打破模块界限，进行大单元整体教学设计，在相连的多个课时中有层次地渗透传统文化，让学生在听、读、演的语言学习过程中逐步感知、理解和内化核心知识，进而加深对传统文化的理解和认同。对于小学阶段文化意识的培养，可以主要利用文化调动学生学习英语的兴趣，热爱祖国优秀的传统文化，了解国外文化，初步辨别文化差异。

作者通过对外研版小学英语二年级上册第二、第三模块进行分析整合，设定单元主题名称为"We Love Different Food and Drinks"。围绕主题语境，整合学习内容，设定单元教学文化目标为：

①学生能够理解人与人、人与动物、动物与动物之间不同的饮食偏好。

②学生能够理解人们不同的饮食和生活习惯，学习换位思考和尊重他人的饮食习惯，询问他人的饮食偏好并热情待客。

③学生能够初步理解不同地区、不同国家有不同饮食文化。

二、文化思考能力的层次性培养

（一）观察积累、增强文化理解力

观察文化现象，积累文化知识，是文化思考力培养的第一步，学生能够将新的信息与原有知识进行联系，重点提高对文化现象的敏感度，对文化现象产生思考和兴趣。

1. 关联文化已知，激发学生思维

读前活动是阅读教学中培养学生文化意识的起点，也是导入文化内容、激发学生思维的环节。在此阶段教师可以从文章话题、插图等显性信息切入，激发学生对文化主题的认知，引导学生推测文本内容以及故事后续情节发展。

《典范英语》"Dragon Dance"一课中学生通过观察封面不难看出中国传统节日庆祝中舞龙的节目。学生通过观察封面预测故事情节发展，师生对话如下：

T：What can you see?

S：Boys and girls look like a dragon.

T：What will they do?

S：They will dance/jump/play...

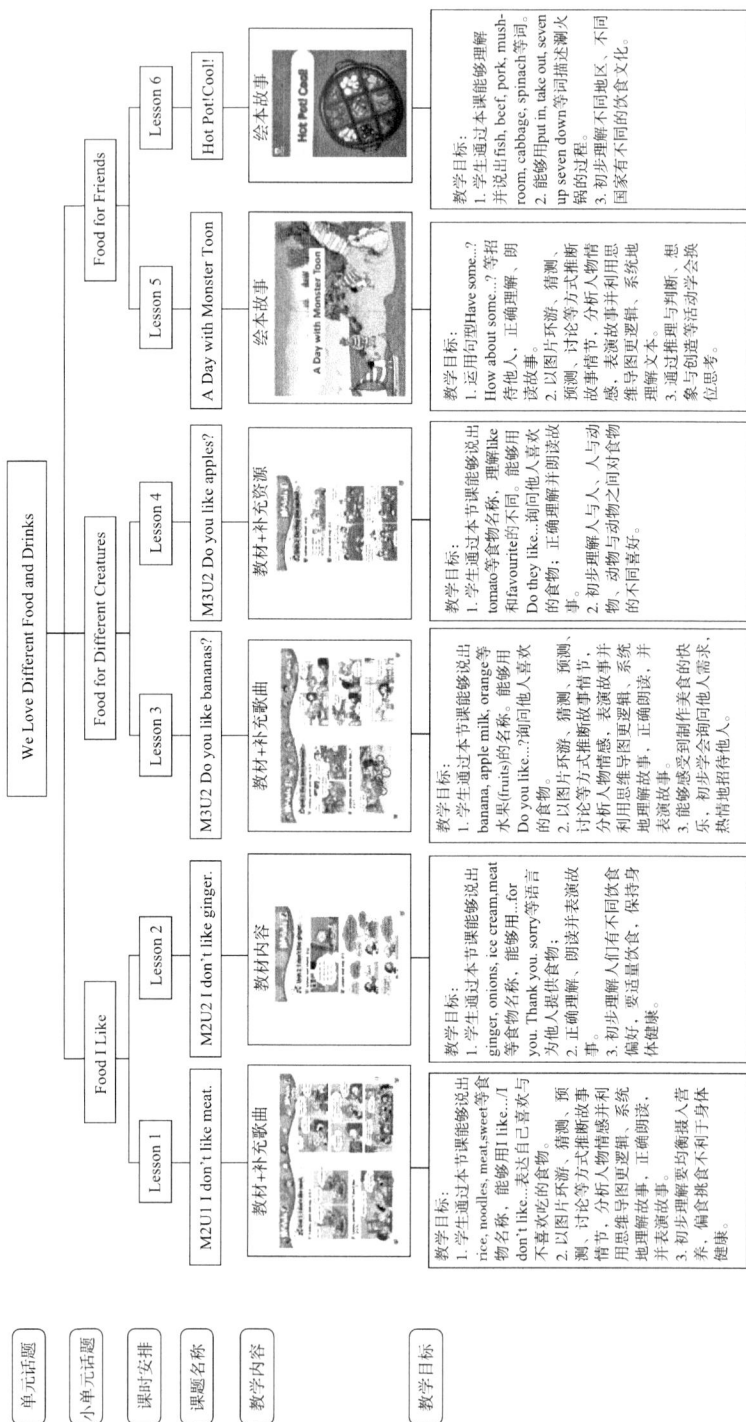

We love different food and drinks 单元结构图

单元话题

小单元话题

课时安排

课题名称

教学内容

教学目标

Dragon Dance 绘本封面

T：When will we have a dragon dance?

S：Chinese New Year!...

学生通过观察封面思考，捕捉封面中 Dragon 这一文化元素，教师提出推断性问题：What will they do? 引导学生预测故事情节和发展。通过事实性问题 When will we have a dragon dance? 结合自己的生活常识进行合理推理，判断故事发生的时间。根据标题、图片、语篇信息或个人经验等预测内容发展，是学生思维品质中归纳与推断能力的重要实现方式（教育部，2022）。教师提出预测问题，学生根据图片等多模态信息预测故事，是促进学生理解能力发展的重要手段。

2. 积累文化知识，推断故事情节

积累文化知识是培养学生文化素养的前提条件，学生只有拥有充足的文化知识储备，熟悉各种文化现象，了解文化现象背后的历史渊源，才有可能通过分析比较形成文化判断，做出文化取舍，并将文化价值观内化成文化品格，外显为文化行为。显性知识容易直接获得，而隐性的知识往往要通过理解、分析、推断等方可获得。因此，教师在教学中不仅要关注显性的知识，也要关注价值观等隐性知识，为坚定文化自信、提高跨文化沟通能力奠定基础。

《新标准英语》1～2 年级中国传统文化知识（元素）梳理

书册 （1～2 年级）	目次	中国传统文化知识		
		显性元素		隐性元素
		核心知识	辅助知识	
一年级上	M2U2		2008 北京奥运会 吉祥物	
	M3U2			西游记人物
一年级下	M1U1		花木兰；马良	
	M7U1	乐于助人		
	M8U2	乐于助人		
二年级上	M9U1	四季		
	M9U2	中国城市：哈尔滨、三亚		
	M10U1	春节		
二年级下	M3U1		妈妈生日	
	M4U2		捡石子游戏	
	M6U2		奶奶生日	
	M7U1		舞龙	

3. 归纳文本结构，体会人物情感

思维导图是一种知识可视化的图表工具，它把各个概念主题之间的逻辑、层级关系利用图形方式表达出来。学生可以通过思维导图，分辨重要的语言知识点，并通过图表中的关键词语及其之间的关系梳理、归纳文本信息。它不仅仅是学生语言学习支架，也是学生语言表达的台阶。

教师在图片环游的过程中，和学生共同在黑板上建构文章的思维导图，深层次地理解文章的逻辑结构和人物的情感。

（二）思索甄别、提高文化分析能力

思考文化异同，甄别文化内容是文化思考力培养的第二步，通过大量的文化接触，使得学生认识到文化差异和文化冲突，比较文化的相同点与不同点。

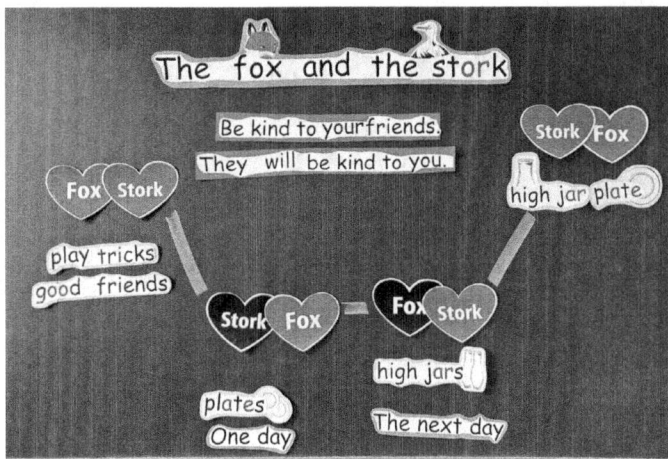

The fox and the stork 故事图

1. 确定文化立场，探析文化异同

　　文化知识的学习不能只停留于观察文化现象以及对表层信息的获取上，而要进一步思考文化现象背后的本源并在探索问题的过程中发展思维能力、领悟思维方法，主动完成认知结构的构建过程。文化比较有助于增强学生对不同文化的理解，对不同的文明、文化持有尊重和包容的态度，从而更加有效地进行跨文化沟通。同时，文化比较也是学生进行深层次理性思考、提升文化鉴别能力、形成文化立场的方式，只有基于对文化差异的理解和思考，才能更进一步探究文化产生异同的原因。

　　外研版小学英语二年级下册第十模块"Happy New Year!"主要讲述了中西方的新年文化：中国的传统节日春节和西方的新年、圣诞节。笔者在阅读教学中设计了如下表格，使学生意识到中西方新年文化的不同。

春节和圣诞节对比表

项目	Spring Festival	Christmas
Date		
What we eat		
What we do		
What we say		
Symbol		

通过对两课时学习内容的对比分析，学生发现春节和圣诞节是新年的象征，但是也有诸多不同之处，比如庆祝的时间、人们吃的食物、做的事情，等等，不同的时间、饮食习惯和做法，都有其背后的历史渊源，教师引导学生通过对比分析形成对祖国民族文化的自豪感，会更珍惜我们国家独有的春节文化并将其传承与传播。

2. 透过文化现象，分析文化成因

在学习文化知识的基础上，学生应透过文化现象，分析、推理、评价文化现象背后的文化内涵，对文化现象进行深度思考。

"The Fox and the Stork" 一课中，狐狸和白鹳在邀请对方到家中做客时，都给对方提供了不合适的餐具，狐狸为白鹳提供了盘子喝汤，白鹳为狐狸提供罐子喝汤。阅读过程中师生对话如下：

〔At Fox's home〕

T：Is it a happy dinner at Fox's home?

S：No.

T：Why? How do you know that?

S：Stork can't eat anything with a plate. He has long mouth.

〔At Stork's home〕

T：Is it a happy dinner at Stork's home?

S：No.

T：Why?

S1：Fox is angry. He can't get much food.

S2：Fox has small mouth. It is not long.

学生通过图片中狐狸和白鹳的表情和文本文字获取图文信息，了解到狐狸和白鹳在对方家里都不高兴，引导学生发现狐狸和白鹳外貌特征不同，所以饮食方式不同。针对两种动物在对方家里不愉快的就餐体验，教师引导学生发现动物本身的差异，引导学生探究差异产生的原因，进而理解文化冲突，包容并尊重不同，照顾对方感受。

（三）评价探究、培养文化探索力

综合评价、自主探究是培养文化思考能力的最高目标，需要学生综合从图片和文字中获取的各种信息，串联起来进行综合评价，重点在学生能够在思考甄别文化现象的基础上，发现文化问题，灵活解决文化差异问题。

1. 解决文化冲突，讨论评价人物

"A Day with Monster Toon"一课最后讨论环节，学生就 Monster Toon 这一人物形象进行分析评价并展开讨论。教师给出语言支架 He is/isn't a good host because _____ . 师生对话如下：

T：Do you think Monster Toon is a good host？ Why？

S：He is a good host because he plays and eats with the little girl.

S：He is not a good host because the little girl doesn't like his food.

在培养学生文化思考能力时，评价属于较高层次的思维能力。为学生提供一定的语言支架，引导学生整合故事线索、充分思考、小组讨论后表达自己的观点，为学生回答此类问题做好铺垫，同时也为更多学生提供了用语言交流的机会。

2. 创设合理情景，探索文化问题

新课标指出，英语课程应尽可能多地为学生创造在真实情景中运用语言的机会，引导其进行应用实践类活动和迁移创新类活动，运用所学解决现实生活中的问题，形成正确的态度和价值判断。合理的情景创设，有助于学生联系自身的生活经验，发展文化审辨能力和创造性解决文化问题的能力。

"The Fox and the Stork"一课，教师在狐狸家就如何招待白鹳进行讨论，师生对话如下：

T：If you are Fox，what will you use for Stork？

S：I will use plate.

T：Can he get much food with a plate？ Is he happy？

S：No.

S1：I will use a vase.

以上教学片段展示了教师引导学生解决白鹳喝不到汤的问题。启发性和开放性的问题能激发学生积极深入地思考，在思考和分析问题的过程中解决问题。学生基于之前的讨论，将自己代入故事情景，展开想象，深度体验角色，以文化行为的方式彰显文化品格。

3. 践行文化价值，内化意识品行

文化意识的培养最终要落实到价值观层面，并通过文化行为表现出来。在读后环节注重挖掘语篇中的育人价值，以学生的看法和做法对社会产生积极意义为切入点。

阅读教学过程中，教师还应注意尊重、鼓励、培养学生的发散性思维和审辨式思维。对同一文化现象、文化行为，学生常常会有不同的见解，并有自己的文化表达方式。教师要注意倾听，对于正确、合理的见解和表达予以肯定，对于不合理的想法也给予积极的引导和反馈，更加关注文化探究的过程对学生思维能力和文化鉴别能力的培养，提升学生的文化思考力。

【课例呈现】

丽声北极星分级阅读绘本
第二级 A Day with Monster Toon 教学设计

授课年级：二年级（一年级起点）

单元整体分析

文本分析：

丽声北极星分级绘本共包括四个级别的教学资源，每个级别包含上下两册，其话题、词汇、句型以及语法现象均与主教材一致，它鼓励孩子初步掌握听读、朗读、跟读等一系列阅读技巧，从而为更深入的阅读打下良好基础。同时渗透情感、态度、价值观等内容，使学生在英语学习中学会做人做事。

［What］主题意义与主要内容

本节课的故事为丽声北极星分级绘本第一级上册"A Day with Monster Toon"，对应课标话题：Food and Drinks。故事讲述了小女孩去好朋友小怪物 Toon 家做客，Toon 拿出自己最喜欢的食物招待客人，可是不同的饮食习惯却没有让客人开心，这样的故事发生时，我们的孩子又会怎样招待客人呢？怎样能更好地招待客人？

［Why］写作意图

通过故事的学习，让学生关注与他人相处的过程中，只有了解并尊重他人的饮食习惯，才能更好地待客，面对彼此之间的不同，待客时要了解对方的需求与喜好，进而思考并实践尊重对方文化、换位思考等与他人相处的方式。

［How］文体结构和语言修辞

故事以从清晨到傍晚的时间线为主线，用一般现在时呈现了四处对话：第一处湖边野餐时，小怪物拿来夹满毛毛虫的三明治和绿色树叶做成的果汁说："Have some..."但是小女孩不能接受这样的食物，拒绝了小怪物。第二处小怪物和小女孩在大树下玩耍时，小怪物拿来虫子蛋糕和有泥沙的水问："How about some...?"小女孩还是不能接受。第三处小怪兽的妈妈带来了一些水果，小怪物问："Do you like...?"小女孩很喜欢这些水果。第四处太阳落山了，小女孩准备回家，小怪物给小女孩准备了点心带回家，这个装满虫子的点心盒吓坏了小女孩的家人。

故事中小怪物带来的食物都十分有特点，它与人类不同的饮食习惯以及期望小女孩接受食物的样子十分有趣，故事的结尾小女孩拿到的点心，吓坏女孩家人的情节充满了想象力，也让人大跌眼镜，明确点出了小怪物和人类不同的饮食习惯。

故事的话题是饮食，其中食物名词：bread，cake，snack；饮品名词：juice，water；水果名词：fruit，apple，orange，banana；招待他人的句型：Have some...，How about some...?

学情分析

1. 学生已有知识经验分析

（1）句型方面

模块	已学核心句
Module2 Unit 1 – 2	I like.../I don't like...
Module3 Unit 1	Do you like...? Yes, I do./No, I don't.
Module3 Unit 2	Do they like...? Yes, they do./No, they don't. They like...

学生在第二、三模块已经学习了如何运用 I like.../I don't like... 表达自己喜欢与不喜欢吃的食物，并运用 Do you like.../Do they like...? 询问他人喜欢吃的食物。本课在此基础上进行拓展延伸，学生学习向他人提供饮食建议，招待他人。

（2）词汇方面

教材梳理	模块	与主题相关已知词汇
	Module 2	食物名称：meat, noodles, rice, sweets, ginger, onion, ice cream
	Module 3	食物名称：banana, apple, milk, orange, fruit, milkshake, tomato
歌曲补充	共计18个	食物名称：broccoli, popcorn, pizza, juice, donut, soup

2. 学生的学习风格与特点

本节课的授课对象是我校一年级1班的学生，本班学生经过一个学期的在校学习，能够听懂老师的课堂指令，逐步形成了一定的英语学习习惯，能够与老师一起完成英语活动，学习英语知识，发展英语的各项技能。

3. 学生学习能力分析

学生从本学期开始学习绘本故事，每周阅读一本，初步了解了预测、找寻答案、推断等阅读策略，学生喜爱自主阅读，绘本课上学习兴趣浓厚，乐于表达自己的观点。由于班级学生认知水平和学习能力的差异性，教师要充分尊重学生个体差异，保护学生的学习兴趣，关注学生的学习需要，坚持全面育人、面向全体，设计不同层次的学习活动，充分调动学生的学习积极性，关注学生的实际获得，培养学生的关键能力，不断促进学生发展。

教学目标

在本课学习结束时，学生能够：

①学习理解：运用句型 Have some.../How about some...? 等招待他人，正确理解、朗读故事。

②应用实践：以图片环游、猜测、预测、讨论等方式推断故事情节，分析人物情感，表演故事并利用思维导图更逻辑、系统地理解文本。

③迁移创新：通过推理与判断、想象与创造等活动学会换位思考。

教学重点

①运用句型 Have some...? How about some...? 等招待他人，正确理解、朗读故事。

②以图片环游、猜测、预测、讨论等方式推断故事情节，分析人物情感，表演故事并利用思维导图使感性思维可视化。

教学难点

通过推理与判断、想象与创造等活动学会换位思考。

教学流程

活动 1：歌曲引入，激活思考

"A Day with Monster Toon" 一课的主题语境和文化知识属于人与社会中的饮食文化板块。教师通过和学生共同唱 Do you like broccoli ice cream? 这首歌，并通过三个问题 "What food do you find?" "Which one do you like? Which not?" "What other food do you like or dislike?" 唤起学生脑海中关于食物及显性知识，引出主题，并使学生初步感知每个人对不同的食物有不同的喜好的隐性知识，为绘本阅读提前做好准备。

设计意图：教师要为学生提供充足的背景知识，使学生更好地理解文本内容，通过歌曲视频、图片等形式进行引入，旨在激活学生的文化背景知识，并引发学生对饮食差异问题的思考，恰到好处地渗透文化。

活动 2：问题引导，助力内容预测

"A Day with Monster Toon" 一课中，观察封面，故事的主人公是一位小女孩，她来到小怪物 Monster Toon 的家里。从标题 A Day with Monster Toon 也可以看出，小女孩和小怪物将要度过一天。那么将会发生什么呢？学生根据图片进行预测，师生互动如下：

预测人物、地点	预测故事情节
T：What can you see? S1：A girl and a monster. S2：Sea，boat and sand.	T：I am the little girl. What am I doing? S1：You are walking. S2：You are visiting Monster Toon. T：What will we do? S1：You will eat. S2：You will play together.

通过呈现封面把故事以直观的图片的形式展现在学生面前，引导学生在观察图片的过程中明确故事的人物和发生的地点，根据进一步提问：I am the little girl. What am I doing? 引发学生对主人公行为的猜测，最后通过询问：What will we do? 让学生基于已知对故事情节进行合理的猜想和推断，为活动做铺垫，有助于学生思维品质。

设计意图：学生通过观察封面，捕捉封面中的文化元素，然后教师提出推断性问题引导学生预测故事情节和发展。根据标题、图片、语篇信息或个人经验等预测内容发展，是学生思维品质中归纳与推断能力的重要实现方式（教育部，2022）。教师提出预测问题，学生根据图片等多模态信息预测故事，是促进学生理解能力发展的重要手段。

活动3：积累文化知识，推断故事情节

小学生在培养文化意识的过程中，首先要在文本学习中意识到文化差异。"A Day with Monster Toon"故事发展过程中，小女孩的情绪发生了一系列变化，从最开始见到虫子三明治和草汁的不开心，到更不喜欢的虫子蛋糕以及有苍蝇的水，到面对小怪物妈妈拿来水果的开心。教师引导学生观察图中小女孩的不同表情，并根据图中表情及故事中语言进行对比分析，随着故事情节发展，走进文本，体会小女孩情绪变化，引导学生意识到小女孩和小怪物对食物喜好的不同进而对食物的判断和选择不同，以及由于自身的差异造成的饮食习惯不同。

学生通过观察图片回答小怪物两次为小女孩拿来的食物是什么，并预测小女孩是否喜欢这些食物，师生互动如下：

项目	**What** （事实性信息）	**Why** （推断性信息）
Lunchtime	T：What does Monster Toon bring to me? S：Bread with worms and grass juice.	T：Do I like these food? S：No. T：Why don't I like them? S1：They look bad. S2：Worms and grass juice are ugly.
After lunch	T：What does Monster Toon bring to me? S：Bug cake and water with fly.	T：Do I like them? S：No. T：Why don't I like them? S1：They don't look nice. S2：Worms and bug are not good.
Mum comes	T：What does Toon's mum bring to me? S：Fruit.	T：Do I like them? S：Yes. T：Why do I like them? S1：They look nice. S2：They are yummy.

项目	What （事实性信息）	Why （推断性信息）
At home	T：What does Monster Toon give to me? S1：Food. S2：Fruit. S3：Worms.	T：Do my parents like the gift? S：No. T：Why? S1：Scared. S2：They don't look nice.

以上教学过程中，教师从故事发展的四个阶段引导学生，获取事实性信息（What）和推断性信息（Why）。首先，通过观察绘本图片中小女孩表情的变化，利用图片鼓励学生合理推测；其次，绘本的文字表述中，小女孩的回答：No, thanks. Un... No. Yes, I do. 验证推测。同时引发学生对同一种食物、小女孩一家和小怪物的态度并不相同的认知，奠定后续对不同饮食文化的探讨的基础。最后在角色扮演活动中，学生通过对话表演感受人物的情绪变化，教师也鼓励学生站在绘本角色的不同视角重构故事，在表演中表达自己的想法。

设计意图：在这三段故事"观察—预测—验证"的过程中，学生分析小女孩不同的情绪变化，并尝试推断产生不同情绪变化的原因。教师关注学生能否根据已知图片和关键信息，推断小女孩的情绪状态，与新课标中提到的"借助语气、语调、手势和表情推断说话者的情绪、情感、态度和意图"一致，是培养学生文化思考力的重要方式之一。

活动4：建构故事结构，培养逻辑思维

教师在图片环游的过程中，和学生共同在黑板上建构文章的思维导图，深层次地理解文章的逻辑结构和人物的情感。本课的思维导图由两条线组成：时间线和情感线。如下图：

时间线："A Day with Monster Toon"结构清晰，故事以一天中的四个时间段（lunchtime, after lunch, Mum comes, at home）为时间线，重复性的句型结构有利于学生把握故事文本的结构和脉络，进一步内化语言，理解故事。

另一条线是情感线：表情贴的哭脸和笑脸，表示小女孩情感的变化。给哭脸配以蓝色的核心词（bread, juice; water, cakes; snakes）和时间词（lunchtime, after lunch, at home）；给笑脸配以红色的核心词（fruit,

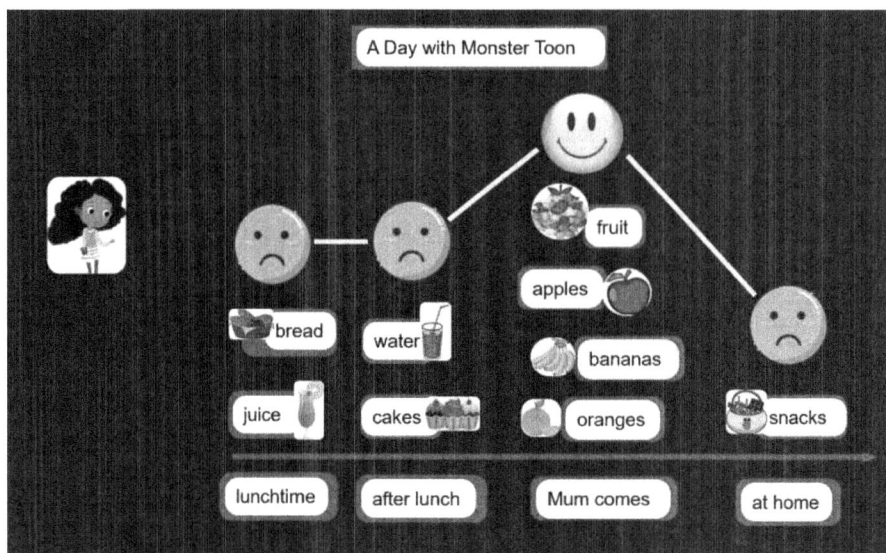

"**A day with Monster Toon**" 板书设计

apples, bananas, oranges) 和时间词 (Mum comes)。

设计意图：师生共同建构板书的过程中，间接增强了学生思维的逻辑性和系统性。同学们认真地阅读信息、理解人物后，以板书上的思维导图中生动的表情和明亮的颜色表现出来，有利于学生准确理解文本内在信息，间接增强了换位思考的能力。

活动5：比较差异，认识不同

学生通过阅读分别找出 Monster Toon 以及小女孩喜欢吃的食物。在学生回答的同时，教师提问小女孩和小怪物对该食物的喜恶，并将其分类列开。学生通过观察，发现小怪物提供给小女孩的食物都是小怪物自己喜欢的食物，而小女孩不喜欢。小怪物妈妈带来的食物是小女孩和小怪物都喜欢吃的食物。

设计意图：通过以上信息的整理、比较和分析，学生在活动中清晰地意识到了小女孩和小怪物饮食的异同，也初步认识到了要接受和尊重不同饮食文化的差异。在文化意识培养过程中，教师引导学生通过文化比较，认知到文化的不同之处，并引导学生初步接受和尊重文化差异，有利于学生今后在跨文化交际过程中，对文化差异问题的处理和解决。

Toon likes　　Toon and girl like　　Girl likes

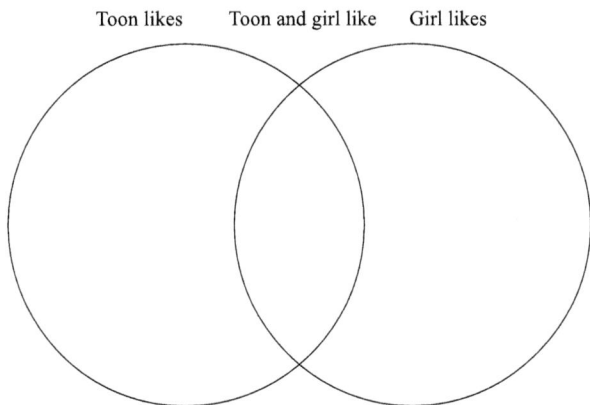

"A Day with Monster Toon"活动设计

活动6：换位思考，招待他人

"A Day with Monster Toon"一课学生通过分析和比较，理解小女孩和小怪物对食物的不同喜好。教师设立情景：如果你去 Toon 或者小女孩家做客，你会带什么作为礼物呢？教师提供绘本中出现的食物的图片及单词，通过让学生选择让其认识到小怪物和小女孩的饮食文化的不同；通过让学生阐明选择原因，引导其尊重和包容不同的饮食文化。学生根据教师给出的句型结构：I will choose _____ for Toon/the girl because _____. 交流自己的看法。

设计意图：引导学生进一步挖掘探究小女孩和小怪物产生不同食物喜好的根本原因，辅助学生构建文化知识体系，进一步理解差异和不同，帮助其建立对文化的尊重、包容和跨文化沟通的认识。

活动7：分析评价，人物形象

最后讨论环节，学生就 Monster Toon 这一人物形象进行分析评价并展开讨论。教师给出语言支架 He is/isn't a good host because _____. 师生对话如下：

T：Do you think Monster Toon is a good host? Why?

S：He is a good host because he plays and eats with the little girl.

S：He is not a good host because the little girl doesn't like his food.

在培养学生文化思考能力时，评价属于较高层次的思维能力。笔者为学生提供一定的语言支架，引导学生整合故事线索，在充分思考、小组讨论后表达自己的观点，为学生回答此类问题做好铺垫，同时也为更多同学提供了语言交流机会。

设计意图：学生通过同伴交流，充分讨论回答问题，提出自己的看法和观点并给出理由，有助于培养学生对文化现象的思考能力，通过深入的思考讨论，学生对文化差异问题的认知会更加深刻，提高审辨性思维能力，帮助其形成坚定的文化立场。

活动8：发散思维，解决问题

根据"A Day with Monster Toon"一课所知，教师提问：If you are Monster Toon, what will you do and what will you say？引导学生展开想象，通过回答问题，创造性地解决问题。学生讨论后，在思维碰撞中表达了很多令人惊喜的观点，并通过角色扮演表达出来。有学生问小女孩：Do you want some pizza？有学生问：What do you want to eat？学生从给小女孩自己喜欢吃的食物，到去询问小女孩的需求，站在 Monster Toon 的角度解决小女孩的问题。

设计意图：教师通过提问引导学生创造性地帮助小怪物解决问题，在文本创设的情景中提出解决问题的多种合理方式，在讨论和合作中学会解决文化差异带来的真实问题，提高学生思维的发散性与问题解决的能力。

活动9：思考讨论，待客之道

"A Day with Monster Toon"一课最后和学生探讨 How to be a good host。通过讨论，让学生能够学会在正确价值观的引领下，改善自身的行为和做法，影响身边的人。教师与学生有如下对话：

T：How to be a good host？

S1：I will ask my friend "What do you want to eat？"．

S2：I will take my friend to play.

设计意图：教师引导学生整理更好的待客之道，检测学生的学习成果，进一步巩固所学内容。教学实践表明，学生已经能够从他人的角度考虑问题，替他人着想，并尊重他人的习惯和想法。

【课例评析】

①培养学生预测、分析和审辨性思维能力。

本课通过在教师指导帮助下的启发式推理和学生自主的预测推理，以及在四个主要时间节点对故事人物情感的分析，培养学生推断、预测、分析的能力。在故事开头，学生通过观察封面图片的画面和文字，推测故事走向。在故事讲解过程中，教师通过如"会发生什么？""Monster Toon 给我带来什么？""我喜欢吗？"等层层递进的问题引导学生根据已知情节，联系已有的知识经验，对故事情节进行合理推测并分析人物可能的情感。学生从 lunchtime，after lunch，Mum comes，at home 四个时间节点，分析故事主人公情绪变化，进一步理解人物处境；通过听读表演故事，更好地分析、体会人物情感，深入理解故事。

通过"If you were Monster Toon, what food will you choose for the girl? Do you think Monster Toon is a good host? How to be a good host?"引发学生思考讨论，评价小怪物 Toon 是不是一个好的主人并给出原因，就如何成为好的主人、怎样更好地待客引导学生探讨原因，评价人物，理解故事主题意义，换位思考，提高学生审辨性思维能力和在实际生活中分析问题、解决问题的能力。

②以时间线、情节线、情感线建构思维导图，提高学生思维的逻辑性和系统性。

本课以故事阅读与理解为核心，获取并梳理了故事的时间线、情节线、情感线。教师通过贯穿课堂循环往复的关键故事信息梳理、故事情节预测、小女孩和小怪物情感分析等思维活动，真正提高了学生思维的逻辑性和系统性。

参 考 文 献

[1] 中华人民共和国教育部.义务教育英语课程标准（2022 年版）[S].北京：北京师范大学出版社，2022.

[2] 章策文.英语学科核心素养之文化意识：实质内涵与实践路径[J].基础教育课程，2019（2）：49-53.

[3] 兰春寿.英语文学思维阅读思维习惯教学模式研究[M].北京：人民教育出版社，2017.

第十章

体验深度学习，培养思考习惯

董　然

观点聚焦

在英语阅读教学中一直存在着为了阅读而阅读、只读不思考，或是只进行浅层思考、思考不够深入而没有让学生养成思考的习惯的问题。传统的教学模式让学生更重视语言的理解和信息的获取，而忽视思维的训练，导致学生很少思考作者的写作意图和文本的言外之意，也就不能运用和体会所学，将文本主题与现实生活结合起来，运用所学在真实情景中分析和解决问题。另外，随着社会的飞速发展，人们的生活中充斥着大量的信息，受到环境的影响，学生更加趋向于碎片化和浅层阅读，很难静下心来深度思考和深度阅读。所以，在小学英语阅读教学中，教师很有必要根据文本内容和主题将相关联的文本进行整合，形成单元，进行单元整体教学，制订符合学生认知水平同时能锻炼学生思维品质的教学计划，设计符合学生学段的教学活动，在课堂上让学生通过参与各种活动从而不断引导学生进行对文本的理解和思考，将所学观点内化于心，让学生在生活中能够保持思考的习惯，能够批判性地看待和运用自己所学习的新知识、新思想、新观点，敢于去思考、创新和表达。

一、理论内涵

（一）深度学习

深度学习指在教学中学生积极参与、全身心投入、获得健康发展的有意义的学习过程。在这个过程中，学生在素养导向的学习目标引领下，聚焦引领性学习主题，展开有挑战性的学习任务，通过一系列参与和体验式活动，掌握学科基础知识和基本方法，体会学科基本思想，建构知识结构，理解并评判学习内容与过程；能够综合运用知识和方法创造性地解决问题，形成积极的内在学习动机、高级的社会情感和正确的价值观，成为既有扎实学识基础，又有独立思考能力，善于合作、有社会责任感、具备创新精神和实践能力、能够创造美好未来的社会实践的人（郭华，2016）。

（二）思维品质

英语学科核心素养之一的思维品质，对深度学习的课堂发生具有重大意义。思维品质的培养和深度学习的发生是同频共振、相互促进，均具有显著的内隐性和渐进性。《义务教育英语课程标准（2022 年版）》指出，思维品质是指人的思维个性特征，反映学生在理解、分析、比较、推断、批判、评价、创造等方面的层次和水平。思维品质的提升有助于学生学会发现问题、分析问题和解决问题，对事物做出正确的价值判断（教育部，2022）。英语课堂旨在通过培养学生思维品质，助推深度学习的有效发生，助力育人方式改革，进一步构建高质量教育体系。在英语学科中培养和发展学生的思维品质，即通过引导其观察语言文化现象，分析和比较其中的异同，归纳语言及语篇特点，辨识语言表达的形式及语篇结构的功能，分析和评价语篇所承载的观点、态度、情感和意图等英语学习活动和实践运用途径，帮助其学会观察、比较、分析、推理、归纳、建构、辨识、评价、创新等思维方式，增强其思维的逻辑性、批判性和创新性，提高其思维品质。同时，思维品质的提升有助于基于深度学习的小学英语阅读教学与学生思维品质的培养，增强学生英语语言能力、提高学生自主学习的效率及形成跨文化意识（梅德明、王蔷，2020）。

在英语教学中的思维品质是指一个人的思维特征。思维品质主要表现在语言思维、创新思维、批判思维三个方面。语言思维是指思维的逻辑性，主要表现在人的心智活动等方面。思维活动应该遵从逻辑的规律和方式来改变。逻辑性首先表现为思维的规则和规律，如能够通过广泛阅读文本，概括归纳发现一般过去时的规则用法和使用情境等；其次涉及概念判断和推理等英语语言的心智活动，如通过对比分析学习动词第三人称的变化等，并能够在日常对话中学会有条理地表达等。思维的逻辑性表现在阅读教学中就是学生能够通过知识的结构化，厘清文本的行文逻辑，梳理文章的线索，深层次地理解文本等。创新思维指能通过语言学习和语篇剖析等方式，迁移运用，能够从新的角度，去思考一些问题。要善于思考和改变，推陈出新。创新是一个将固有的东西引领到一个新的领域，促使发展变得更快更好的一种表现，如常见的语篇类读后续写、读后创写活动，海报设计，创造不同的人物命运和故事结局等。让学生能够形成正确的英语思维，从而提升英语学习能力。批判思维是对事物保持质疑求证的态度和行为，不盲目接受一种观点或意见，也不武断地拒绝一种思想，敢于通过正确的途径求证事物的本真。借助批判思维可以看出不同事物间的细微差距，勇于进行独立的思考，有自己独立的观点。批判思维在英语阅读中可以表现为发表自己的想法来评价不同的人和事。

二、如何培养思维品质

英国哲学家 Herbert Spencer 曾经说过："Education has for its object the formation of character."表明思维品质对于学生英语学习是非常重要的。英语是一门语言，所以在学习的过程中是非常难的，短时间内很难学会，需要通过不断的教学培养，让学生形成一种思维方式，才能建立英语的逻辑思维。对学生英语表达能力和语言运用能力的培养，从本质来讲是对学生的一种思维品质的培养。在思维品质培养下学习小学英语，更加具有思维逻辑性、创新性和批判性，对于小学生的英语学习起到了推进作用。

（一）构建思维导图，培养逻辑性思维

在传统的英语教学中，教师对学生知识的传授往往以理解和记忆单词、句子等为主，对于挖掘深层次的英语知识缺乏一个比较系统的知识框架。小学生处于学习英语的基础阶段，他们自身思维层次也还处于相对初级的阶段，还不能够对事物有清晰全面的认知和理解，造成了学生开展学习的过程难度比较大。所以在这个阶段，教师很重要的任务和责任就是培养学生的学习习惯和批判性思维，让学生养成独立且持续思考的习惯。仅仅将英语学习内容停留在知识的表面是很难引导学生去往深层次方向思考的，从而也无法培养学生的批判性思维能力，这对学生今后英语的深入学习会造成很大的阻碍。所以，在英语的教学设计中，教师首先要构建好英语课文知识的框架，深化知识的内涵。

将思维导图引入小学英语的教学，是一种有效且有必要的尝试。许小梅和徐国辉（2013）在小学六年级尝试运用思维导图上了一节阅读课，学生通过逐步完善教师提供的思维导图框架，在理解语篇的基础上，对语篇内容进行了高效的复述，表明运用思维导图能够帮助学生梳理和理解语篇，思维导图成为辅助小学高年级教师进行语篇教学的利器。利用思维导图能够对所学知识和内容进行合理的划分，让学生能够更加清晰、直观地学习到英语知识。Conole& Weller（2008）认为思维导图是一项直观性、具象化、辅助性的教学设计工具，运用思维导图有助于提高教学设计效率，使学生的思维更加清晰，呈现出的设计内容更直观，而基于思维导图的表述也更加完整。在课堂教学中，通过与学生一起构建和运用思维导图，能够培养学生的思维逻辑，让学生在繁杂的知识中，提炼出有效的信息，形成对知识和文本内容的构建，让学生的逻辑变得更加清晰。在课后任务中，可以根据各自的能力水平让学生构建或者完善思维导图，这有助于其在英语学习中进行独立思考，找出文本内容的逻辑，从而提升自己的逻辑性思维，同时可以促进学生对英语学习的效率，提高其对知识的记忆能力。在教学设计上，教师仍依然保持以兴趣为导向，努力激发学生的学习热情，利用有趣的故事引导学生运用所学习语言进行表达。在课堂教学中，教师则可以利用一些巧妙的措施，如场景还原再现的模式，将教学过程中所涉及的具体情景在课堂上模拟、还原、再现，从而有利于学生们能够更加生动、直观地理解，达到提升课堂教学效果和质量的目的。为了避免教学停留在故事表面，在构建思维导图上，教师可以通过问题的引导，培养学生良好的阅读寻找信息能力，引发学生的深度思考，从而在这个过程中培养学生的批判性思维能力。

（二）鼓励自主表达，培养创新性思维

在教学过程中，教师要尽量营造一种自由、欢快的学习氛围。鼓励学生们阐明自己的观点和思考方式。每个人都有独立的思想，因为是小学生，所以思维方面会更加天马行空，也会有很多特别的疑问产生。这种独特的观点可能有利于学生的学习，也都是学生思考的结果，这有利于孩子养成独立思考的能力，所以对于每一种不同的想法，老师都要给予充分的尊重和鼓励，不能打击学生发言的积极性。不只如此，教师在给学生进行解答的同时也是在提高自己的授课能力，学生和教师共同研

究问题，可以提高学生学习英语的兴趣，在分析的过程中学生和教师共同进步，从而建立起良好的思维探究能力。

教师在教学过程中可以基于教材内容和学生的学习兴趣并结合现实生活将文本进行深入挖掘，让学生能够寻找到共同点，有的可想，有的可说，充分发挥自己的思维创造能力。老师应该把培养学生思维独立性的意识贯穿到英语阅读课堂中的各个环节。在课堂中有意识地设计各种活动，让更多的学生有机会表达自己。在阅读文本的时候，教师可以分层次提出问题。可以用课文中的语句形式对学生进行提问，与学生进行互动，提高学生的学习兴趣。鼓励学生敢于用英语进行对话，提高自己的英语学习能力；还可以提出适量的开放性问题，让学生进行思考和想象。为了鼓励学生积极表达，教师可以给学生搭梯子，也可以让学生以小组的形式进行讨论，提高学生对自己答案的自信程度，从而敢于发言。对于这类开放性问题，教师可以有自己的想法，但也要尊重学生的想法，与学生共同讨论和完善学生和自己的想法，不能只是一味将学生往教师自己的方向上引导。对于学生所有的表达，教师都要给予大力表扬，强化学生的学习行为，也让学生在畅谈想法的过程中训练思维的品质。总之，在小学的英语阅读课堂中，教师可以结合孩子们的生活情景巧妙地设计一些问题。这样孩子不仅更感兴趣，对问题的认识也更深刻，从而有更多的解决问题的欲望，有利于提高对问题的探索能力。不论是什么语言，最终目的都是把它使用在生活中。根据教学的需求，设计合适的情景，让学生们更形象地理解内容，而分组合作的学习模式则是对孩子的团队协作能力、共同思考、集体荣誉感等综合素养的一种很有利的提升方式。除此之外，教师可以不定期地去寻找与学生生活相关的主题，创办不同形式的辩论、交流活动，激发学生丰富的想象力，发现知识之间的内在联系，加强学生和教师之间的互动，一起参与到话题讨论中来，进一步培养提升学生的思维能力。在创办具体情景的过程时，教师还可以借助多媒体、教学道具等一系列辅助方式和手段，让还原的情境更加逼真和丰富，有利于学生真正融入情景之中。利用这种方式，还可以提升学生自主学习的趣味性和主观能动性，保持高涨的学习积极性。

（三）设置问题，培养批判性思维

提问是活跃学生思维的有效方式之一。在英语阅读学习的过程中，在获取阅读表面信息之后，进一步分析、判断和推理是绝对不能缺少的步骤。教师提出一些具备思考意义的问题，运用生动有趣的语句来解释，有利于促进学生的大脑思考，培养提升学生的思维能力，从而进一步增强学生思维的深度。在小学英语教学阶段，教师可以借助巧设问题的方式来提升学生的思维活跃度，让学生带着教师提出的问题尝试着思考并找到答案。具体而言，设置问题时需要结合实际情况来考虑。一方面，教师应根据小学英语阅读教学过程中的具体需求以及教学过程中的难点和重点来提问，以便于学生在学习过程中认识到内容的重点，从而不断提高学习效率和质量。另一方面，教师还需抓住教学过程中学生的学习状态来进行提问。当学生注意力不太集中或兴趣不太高的时候，教师就可以利用提问的教学方式来集中学生的注意力，活跃他们的思维，带动其一起思考，进而提升教学效率。多层次、多角度、有思维含量的问题设置是批判性阅读教学的重要特征，教师要从多角度去设计有效合理的问题，并引导学生自主寻求答案，使学生在思考问题、寻找问题答案的过程中锻炼批判性思维能力。在PPT呈现引言部分连环画后，教师通过让学生猜测故事情节不仅可以激发学生阅读的欲望，而且也可以使新知识的引入流畅自然。在学生对这篇故事有了大概理解后，教师可以通过让学生和同桌去讲故事这个任务，引导学生再次深入阅读课文。从不同的角度设计问题，学生的思维也更加丰富。

总之，就小学生而言，采取巧设问题的教学模式，有利于引发学生自主思考，积极互动，能让教学的质量和效果得到有效的提升，有利于在教学过程中达到提升学生思维品质的目的，进而提升学生的学习综合素质。在巧设问题的教学模式中需要注意的是，教师需要拿捏好所设置问题的难易程度，尽量避免提出的问题难度过大，导致学生失去学习的兴趣，甚至还会妨碍课堂教学的顺利开展。

【课例呈现】

绘本 Toad Swims for His Life!（《蟾蜍拼命游!》）

教授年级：五年级

文本分析

绘本 Toad Swims for His Life! 讲述了四只凶猛动物和小蟾蜍的游泳比赛。在前四条赛道的选手分别是大海冠军鲨鱼 Shelley、湖泊冠军水蛇

Sammy、丛林之王老虎 Terry 和大江冠军鳄鱼 Carly，第五赛道是小池塘冠军小蟾蜍 Tommy。四只动物都认为小蟾蜍根本不能与它们匹敌，甚至想吃掉它。小蟾蜍非常害怕，为了摆脱它们，它鼓起勇气，拼命往终点游去。然而，那四只动物都仗着自己是一方霸主，在比赛过程中相互撕咬、不停争吵，似乎忘记了比赛和小蟾蜍。只有小蟾蜍始终专心致志，拼命向终点冲刺，最后不仅保住了性命，还获得了冠军。

该绘本的主题是"以弱胜强"，故事充满悬念、趣味性强，符合五年级学生的阅读兴趣。学生要通过分析题目和学习故事内容，了解作者想表达的寓意：在比赛中，看似弱小的一方只要专注努力、拼命一搏，最终也能取得胜利。

学情分析

教学班学生为浙江省宁波市鄞州区某小学五年级学生，他们自一年级开始学习英语，对英语学习兴趣浓厚，泛读经验较丰富，阅读能力、语言表达能力和思维能力较强。教学的重难点在于学生能否准确、连贯地运用所学语言重述故事，思考文本的寓意，与同伴交流对文本寓意的理解。

教材分析

由于授课教师选定的文本语言难度较大，因此安排课前预习有助于学生突破理解难度。教学目标主要从认知、情感体验和思维能力这三方面着手设计。认知目标设计突出思考价值，通过问题链先完成对文本的逐层理解，然后逐级上升到分析、评价层面，最后通过问题解决式的讨论，让学生以四人小组合作的方式写出故事寓意并分享各自的观点。情感体验设计关注学生对故事角色的深度理解及能否表达自己的正向情感。思维能力设计体现在指向教学主线的问题链和学生回答准确性的匹配，以及学生对文本寓意的多种解读。活动设计的亮点应聚焦在学生深度思考后和同桌以及在小组中的交流合作活动，以实现语用能力和思维能力的同步发展。问题链在教学中的作用如下：

①基于预习，通过问题链引导学生准确且深入地理解故事（学习理解）；

②基于故事理解，通过问题链搭建"脚手架"，助力学生以小组合作的形式流畅、有逻辑地简述故事（内化应用）；

③基于故事简述，通过问题链，促使学生理解作者传达的道理，在

思考、讨论、发表评论后，四人一组写出寓意并展示分享（想象创造）。

问题链设计

教学过程中问题链的发展和作用见下图。

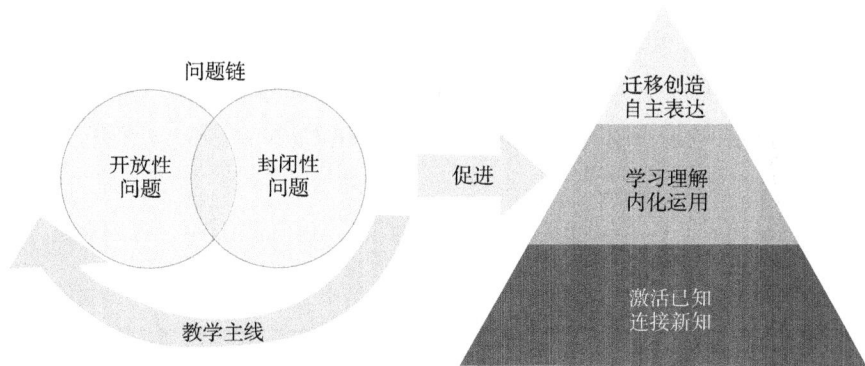

问题链的发展和作用

1. 唤起激活

教师先用类似的动物比赛故事（如龟兔赛跑）引起学生的注意和思考。这是问题链的首端，目的是激活已知，快速连接新的学习内容，引导学生用语言表达理解，并由学生点出教学主题。

Q1：Do you know any story about animal races?

S：A rabbit and a tortoise.

Q2：What happened to the rabbit?

Q3：Who won the game?

Q4：（Yes. You are right. Today we are going to learn a story about a race.）Do you know what the race is?

S：A swimming race.

2. 学习理解

教师用层层递进的问题链加深学生对文本的理解。学生作答时，教师同步在黑板上记录关键语块，使文本内容结构化。在学生读完一遍故事后，教师采用封闭性问题和开放性问题相结合的问题链帮助学生梳理内容、加深理解，并引导学生深入思考。

Q1：How many animals were in the race? /Who were in the race?（封闭性问题）

S：There were five animals in the race.

Q2：How many lanes were there?（封闭性问题）

S：There were five lanes.

Q3：Their names，please?（封闭性问题）

S：From the first to the fifth lane，they were Shark Shelly，Snake Sammy，Tiger Terry，Crocodile Carly and Toad Tommy.

Q4：Why were Shelley，Sammy，Terry and Carly so proud?（开放性问题）

S：Because they were the champions of the sea，the lake，the forest and the river.

Q5：How did Tommy feel?（开放性问题）

S：Tommy felt afraid.

Q6：How do you know?（开放性问题）

教师逐步推进，用三个比赛阶段把文本结构化：before the race—during the race—after the race，并把关键语块与以上的三个阶段一一对应，如 wanted to eat，snapped at each other 等，为学生的简述活动搭起语言支架，做好充分铺垫（见下图）。

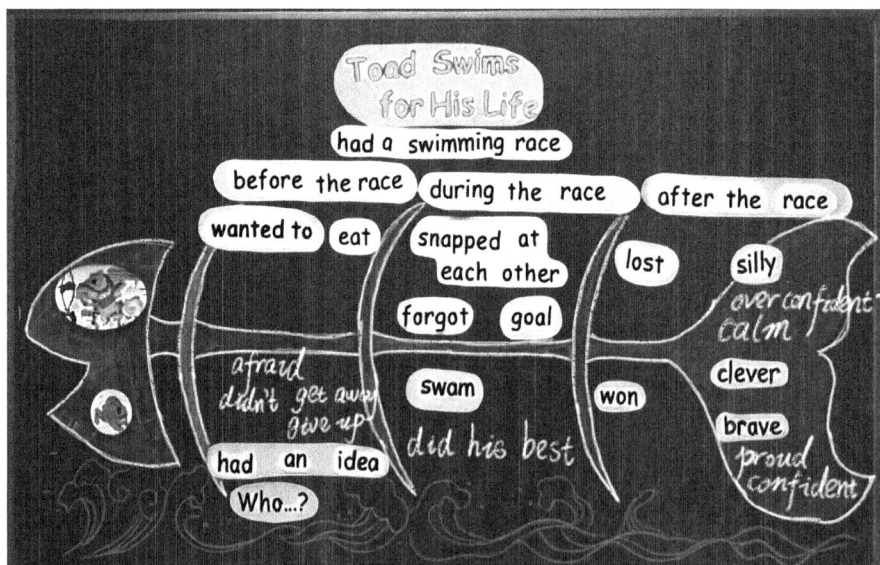

板书设计

在问题链的驱动下，课堂趣味增加了。教师让学生对比赛前的内容进行表演，突出四只动物的凶猛，设置悬念，和比赛的最终结局形成强烈对比。

Q1：What did the swimmers say to everyone? Please act it out. （封闭性问题）

该问题是简述故事前的铺垫，帮助学生深化理解，做好简述准备。

Q2：What was going on during the race? （封闭性问题）

3. 迁移运用

学生合作进行重组性简述，提高语用能力和思维能力。三组学生分别负责不同的故事内容，即动物们在游前、游中、游后的表现，通过重现比赛过程，深化理解故事，为更深层次的思考做好准备，完成从理解、内化到运用，从单一到综合的语言能力提升目标。

4. 创造输出

教师让学生在独立思考和四人小组内有分工的讨论后，交流对文本中不同动物的看法。最后借助投影仪，和全班同学一起交流各组的思考。学生总结出作者想要传达的教育寓意：专心致志，拼命努力，一心向终点冲刺。

5. 连接表达

教师引导学生由文本连接到自己的问题解决。学生深度思考并讨论，概括总结小蟾蜍从害怕到勇敢的积极转变，感知正能量。学生的表达异彩纷呈，实现了语用能力和思维能力的同步增长。

Q1：Why did the Toad swim there? （开放性问题）

S1：Because he had no way.

S2：Because he was already standing there.

S3：Because he had to be in the race.

S4：Because he became brave. . .

Q2：Who helped the Toad swim so fast? （开放性问题）

教师进一步追问，让学生思考更多元的答案，让思维外显。

S1：I think it's himself.

S2：Because he wanted to live. （live 应为 survive）

S3：Because he didn't care about other animals.

最后，教师让学生联想自身，表达自己的观点。

Q3：What can you get from these animals，for example，the Toad？（开放性问题）

S1：You should be calm when problems come.

S2：When we have problems，never give up.

S3：Be clever when problems come.

学生从文本出发，联想自身，解决问题。层层深入的问题链起到了关键性的思维引领作用，帮助学生实现语用能力和思维能力的同步增长。

【教学评析】

本节课运用主线分明、层层深入的问题链，引导学生的思维层次从低阶向高阶过渡，成功开展了培育和提升思维能力的教学。问题链的运用有助于学生提取和整合文本信息，对学生进行"剥洋葱"式的思维引导。学生通过建构完整的信息链，能更好地理解文本内涵，进一步提升分析、比较、推断和评价能力，为表达个人观点做好铺垫。学生的输出即时、真实，也是思维能力的体现。在教师的启发下，学生认真思考、踊跃互动，取得了较好的学习效果。通过整本书泛读教学实践，此类课型的有效实施策略为：在围绕教学主线的问题链驱动下，帮助学生完整理解文本、内化语言，由学生说出文本所承载的主题意义，培养学生的思维能力。板书内容应体现故事结构，为学生提供语言支架，让学生运用习得的语言，使思维外显，最终提升学生的思维能力，使核心素养落地。

小学英语高年级阅读教学在培养学生思维品质的方式中，有很多实践的经验，需要教师发掘和积累，让学生可以在英语学习中发展心智，提升思维品质，从而更合理地明确自己的学习目标，提升自己的综合能力，以英语学习促进学生的终身发展。课程设计中，教师通过问题链的形式，让学生一直处于思考的氛围中，不断锻炼其思维品质。板书中构建的思维导图，让学生对文本内容的理解更加清晰，也锻炼了他们的逻辑思维能力。教学活动中，教师还鼓励学生以口语和文字书写来表达自己，提升了他们的创新性思维。

参 考 文 献

[1] 郭华．深度学习及其意义 [J].课程·教材·教法，2016（11）：25 –

32.

［2］中华人民共和国教育部．义务教育英语课程标准（2022年版）
　　　［S］．北京：北京师范大学出版社，2022.

［3］梅德明，王蔷．《普通高中英语课程标准（2017年版，2020年修
　　　订)》解读［M］．北京：高等教育出版社，2020.

［4］许小梅，徐国辉．思维导图在小学高年级英语阅读教学中的运用
　　　［J］．新课程教学，2013（3）：37−41.

［5］Conole G，Weller M. Using Learning Design as a Framework for
　　　Supporting the Design and Reuse of 4ER［J］．Journal of Interactive Media
　　　in Education，2008（5）：12.

第十一章

在绘本阅读中，以好奇促思维

孙语浓

"双减"提出"教师要优化教学方式，提升学生在校学习效率，大力提高教育教学质量，确保学生在校内学足学好"。在教育教学中要充分发挥学校主阵地的作用，提高课堂效率。随着社会的不断发展，英语在当今社会的作用越来越显著。英语课程对学生来说起到了了解世界、传播文化的作用。《义务教育英语课程标准（2011年版）》中强调，通过英语课的学习，发展学生在听说读写四方面与人交流相处的基本能力，形成跨文化意识，同时增强爱国主义教育，讲好中国故事（教育部，2011）。在分级标准中要求小学生能够读懂简单的英语小故事，并且可以根据图片进行简单的描述，从而更乐于接触外国文化，增强祖国的意识。这些都要求教师在教学中增加学生对英语的学习兴趣，培养学生的综合语用能力、思维能力以及阅读素养。学生需要提高解决问题的能力，培养创新意识。通过激发学生的好奇心，培养学生对英语学习的兴趣，进而提高学生的能力。在英语课程的学习过程中，学生可以整合不同的信息，梳理有逻辑的过程，分辨语言文化中的种种不同现象并对其进行预测、推断，正确评价各种思想观点，具备初步运用英语进行多元思维的能力。这充分说明了英语学科具有开启心智、发展思维品质、培养人文素养的作用，更加突出外语学科的人文性。

一、小学生的特点

（一）认知特点

皮亚杰将青少年的认知发展分为感觉运动阶段、前运算阶段、具体运算阶段和形式运算阶段（刘怡宏、宫莉、刘静，2017）。小学生的年龄多在 6～12 岁，主要集中在前运算阶段和具体运算阶段。

前运算阶段的学生往往以自我为中心，总是认为自己说的是对的。在思维上缺乏转化，只能按照既定的方向思考，很难换个角度去理解和分析事物。当理解一个观点时，他们无法根据不同的情况来进行理解和判断，只能根据在平时经验中的思维套用在情境中，不考虑其适用性。

处于具体运算阶段的学生也具有相似的认知特征。在这个阶段，他们有一定的守恒观念，一些简单的抽象思维活动可以通过例子和其他直观的方式，甚至一些简单的逻辑推理活动来理解。这个时候，他们已经建立了规则意识。在课堂上，大多数孩子都会遵循既定的课堂规则，遵守班级公约。在这个阶段学生的思维也变得更加灵活，在看事物时可以从一个实例中得出推论，举一反三。这时思维培养渗透在各个方面，学生的物理条件已经满足，需要依靠教师的引导产生更大的效果。

（二）心理特点

主导活动的形成可作为主要依据对儿童心理发展的每一个阶段进行衡量，教师会在儿童入学后对其进行指导，促使其学习活动有目的、有计划地完成（郭大来，2017）。低年级的学生会逐渐将父母的依赖转化为对老师的信任和依赖，因此，教师对学生的学习和生活有着重要的作用。与此同时，儿童对一切事物都充满好奇心，对事物有着广泛的兴趣，但注意力保持的时间较短，如何能通过激发学生心理的直接动机促进学生的学习值得教师们思考。

（三）阅读特点

近年来，阅读在小学生的学习中扮演着越来越重要的角色。阅读可以提高学生的逻辑思维和信息概括能力。对此，教师通过分析学生的阅读特点，发现学生存在的问题，从而提高教师在阅读活动设计中的针对性。小学生年纪较小，接触的事物简单，认知能力差，阅读自主性低，没有好的阅读习惯（张如星，2010）。这就导致了学生不喜欢阅读的问题。他们读得越少，就越不能深入学习英语，理解字里行间的文化知识，从而导致跨文化交际能力的缺乏。

1. 阅读的被动性

小学生刚开始学英语的时候好奇心很强，但对于一些学生来说，此时的好奇心和兴趣是不能持久的。随着越来越丰富的英语学习经验，对学生的英语学习能力提出了越来越高的要求。有的学生在阅读时只看自己感兴趣的图片，不看文字的叙述，不能深入掌握文本、理解文本。阅读是学生需要持之以恒的事情，如果一开始的问题没有得到很好的解决，学生就会对英语产生抵触情绪。在被动阅读中，学生缺乏对所读文章进行总结的方法，往往逐词逐句阅读，没有按意群阅读的习惯。这种阅读方式既不能提高学生的阅读能力，也不能帮助他们养成良好的英语学习习惯。

2. 缺乏阅读习惯

小学生在阅读过程中，常常因为掌握的单词太少而受到生词的困扰，与阅读产生冲突。当学生面对由许多生词组成的作文时，他们束手无策。与长篇文章相比，学生更喜欢阅读图文类别的故事书。生动的图片可以激发他们的阅读兴趣。在阅读较长的文本时，许多学生仍然使用字典等电子工具来查找生词的含义。他们无法通过上下文猜词法来猜测词义。当他们面对无法理解的长篇文章时，会一次又一次地选择逃避。就这样，学生渐渐不喜欢读书了。他们阅读的机会越少，就越不想主动阅读。此外，学生在课堂上阅读的时间远远不够。阅读习惯的培养体现在学习的方方面面。为此，学生必须有大量的时间阅读并将其变成一种乐趣。

3. 阅读缺乏跨文化交际能力

在英语教学中，由于文化差异，缺乏跨文化交际能力。这个问题在阅读中依然存在。在阅读外国书籍时，因为缺少背景知识，他们不了解其他国家的文化背景。小学生的认知水平较低，不能理解外国文化中想要传递的思想情感，甚至不明白作者的意图和想表达的东西，也无法从另一个文化的角度思考文章的主题。这也是小学生阅读的一大特点，也是教师亟待解决的问题。比如"pink Lady"在英文中的字面意思是"粉红女人"，但实际上是"鸡尾酒"的意思；"swan"的字面意思是"天鹅"，但在英文中常暗示"一些才华横溢的诗人"，而在中文中天鹅与诗人没有任何联系（李颖玉，2017）。如果中国学生遇到这些词，不了解相应的文化背景，就无法正确理解文章的主旨。

二、绘本阅读对于激发学生好奇心的优势

英语绘本是用文字与图画两种媒介的互动来讲述故事，表达特定情感、主题的读本（张金花，2019）。它以独立成册的故事为主，通过图片和文字的形式向读者展现出故事的内容情节，从而传递丰富的情感。

在教材中出现的阅读材料有限，其中的阅读素材远远不能满足对学生阅读素养的培养，所以绘本阅读可以很好地解决这一问题。不同的分级绘本适合不同的学生，满足儿童的认知发展水平，顺应童性，并且作为教材的辅助工具可以搭配使用。绘本中的图片满足学生的认知特点，直观地通过图片和句子讲述故事，与较单一的文章相比更能吸引学生阅读，同时帮助学生发展思维能力。通过观察一幅幅生动形象的图片，既能抓住学生们的眼球，又能通过观察图片引导学生理解文章主旨，抓住点滴细节；既锻炼了观察能力，又能对其进行思考，对于文本和图片的整合处理能力也能提高，给学生提供了想象的空间，同时有助于培养他们发现问题、分析问题和解决问题的思维能力。因此，在绘本阅读教学中，教师应抓住绘本的故事情节和人物情感变化，找好合适的抓手设计梯度合理的教学活动，帮助学生发展思维能力。

三、小学英语绘本教学的现状及问题

（一）绘本阅读教学停留在形式上

许多教师在进行绘本阅读教学时，更多注重学生能够理解文章主要内容，并且会使用文中句型进行故事复述。在设置教学活动时主要关注课堂，忽视了学生阅读能力、思维能力和图片观察能力的培养。教学中通过单一的问题和分析，不给学生提供思考的空间，直接给学生提供答案，通过讲授忽视学生自主观察图片的能力，使学生提取不到图片中的关键信息。对于学困生来说，如果教师忽视分级教学，提出的问题梯度大，就很难使他们理解故事以及故事中的情感态度，这样就没有激发起学生学习的兴趣，不能调动起他们的好奇心。在这种情况下，学生不会运用阅读相关的技巧和方法进行自主阅读，也不能深入挖掘故事中的情感、态度、价值观，不能深入理解文本、换位思考文中人物的想法，不能将知识进行迁移运用。

（二）教学方法、形式单一

传统的教学模式不能完全适用于绘本教学中，通过填鸭式教学忽视学生思维能力的培养和问题的分析能力，不利于培养学生的创造性思维。在教学过程中缺乏多样的教学方法和教学形式，不利于激发学生的学习兴趣、培养学生的自主阅读习惯。

（三）缺乏长期性

教师们常常将绘本故事放在一节课之前或者之后，作为导入和结尾升华的部分，很少有将适合的绘本与教材整合的长期阅读教学。这就导致绘本阅读时间短，不能长期性地培养学生的阅读能力的问题出现。绘本阅读教学多用于幼儿阶段，吸引学生对英语的好奇，激发兴趣，教师还需要思考如何将绘本阅读与平日教学结合的问题。

（四）忽视思维的培养

教师在阅读教学中过分注重学生的知识性输入，忽视了阅读技巧的培养和思维能力的提升。思维能力是学生发现问题、分析问题、解决问题的关键。忽视了这一能力的培养，不能满足学生英语核心素养的提高。

（五）教师占主导地位

教师在讲授过程中常常无意识地把课堂的主体变成自己，没有交给学生。在学习过程中知识性讲授成为阅读课的通病，在学生遇到不认识单词时，没有培养学生联系上下文猜词的能力，反而是进行单词精讲，把阅读课变为词汇课。传统教学模式在教学过程中适用依旧，教师要改变这种局面，将主动权交给学生，发挥其学习主动性，给学生多一些自主阅读的时间。

四、小学英语绘本阅读的培养方法

学生在阅读时除了自身对阅读习惯的培养和兴趣外还需教师的引导。在设计教学活动时，教师要寓教于乐，以学生的好奇心来带动思维的培养，从学生出发，上好每一节课。

（一）激发学生兴趣，调动学生好奇心

绘本是图文并茂来表现故事的一种形式。在选择上可以选择与主教材相符的绘本内容，更利于学生的理解，从而调动学生的阅读兴趣。通过吸引学生的注意，调动学生的好奇心，引导学生观察图片进行思考，进而让学生爱上阅读。分级绘本针对不同年级孩子的年龄特征，更利于学生阅读，符合学生的认知特点。教师可以通过播放歌曲活跃课堂气氛的方式，调动学生参与课堂的积极性。特别是低年级的学生，他们活泼好动，通过此方式可以很快地进入学习模式。

【教学片段1】：在 A Day with Monster Toon 这一绘本中，教师通过播放歌曲 Do you like song? 作为导入，激活学生对食物的旧知识，歌曲能

够活跃课堂气氛，调动学生学习的积极性和对新知识的好奇，通过演唱歌曲的形式让学生参与其中，同时在这一环节让学生思考自己喜欢什么样的食物、不喜欢什么样的食物，能够表达自己的观点。

【教学片段2】：在"Travel in the United States"这一课中，学生通过观看教师制作的美国景点视频，可以更直观地看到景点的实景图和动态图，有着置身其中的感觉。

（二）以问题为导向——激发学生好奇心

绘本阅读的故事性和情境性强，为了让学生能够整体把握本文，教师可以首先按顺序设计问题，从封面开始观察到故事情节的一步步推进，进而提高问题的深度。同时教师在设计问题时需要考虑学生的个体差异性。《义务教育英语课程标准（2011年版）》中要求，教师在教学过程中应面向全体、关注个体。在问题设置时可以设置两种类型的问题，一是学生都能回答出的问题，二是需要学生结合自己的思考、基于自己的语言水平回答的问题。这样锻炼了学生的思维能力，也提高了学生的语言表达能力，同时避免了学生因不理解导致整节课堂的输出受到影响。最后教师还可以按照学情设计问题，在教学中时刻把握以学生为主体的宗旨——教学中的设计和问题做到一切为学生服务。在教学过程中可能会出现问的问题学生没有反应或不理解的情况，这时教师要随机灵活地进行调整，追加问题，通过追问一步步循循善诱让学生理解文本，理解当中的思想感情。

1. 设置启发性问题，激活学生好奇心

通过观察图片培养学生提取信息的能力和对故事的预测能力，发展学生逻辑性思维，为梳理故事线打好基础。在观察图片时询问一些能够引出文本主题的问题，如"What are they doing?""What can you see?"等问题，启发引导学生的思考，调动学生想继续阅读的好奇心。

【教学片段】带领学生观察封面，教师通过问题："What will happen?"以提问的方式引导学生观察封面，提取图片1中的信息，预测故事的内容，激发学生的阅读兴趣和对故事的好奇，并给学生思考的空间，发展思维力。通过询问："I am the little girl, what am I doing?"交代角色，让学生预测文本，引导学生说出："I am visiting Monster Toon."等。

观察图片2教师提问："Will we be happy?"让学生初步体会主人公的情感，交代时间线的第一个点lunchtime。通过观察图片3，教师提问：

图片 1

"What does Monster Toon bring to me？" "Do I like these food？" 观察 Toon 拿来的食物，说出食物的名称，观察主人公的表情，说出客人是否喜欢这一食物。低年级学生有很强的代入感，能够把自己想象成文中的小女孩，可以说出自己对这一食物的感受和看法。此时学生不知道事情将如何发展，想要继续探索，达到了激活好奇心的目的。

图片 2

图片 3

2. 设置逻辑性问题，利用学生好奇心提高缜密性思维

《普通高中英语课程标准》要求教师能"根据主题语境、语篇类型、不同文体的语篇结构和语言特点，引导学生深入学习和理解语篇所表达的主题意义"（教育部，2020）。因此教师在培养学生阅读能力时要带领

学生体会语篇的逻辑，梳理文章的脉络和内容。通过观察文本中图片的细节以及文字的叙述，感受语篇的逻辑，在遇到不认识的词汇时结合上下文对词汇进行猜测，并且发现规律。通过提问分析故事线和情感线的原因，深入理解文本，感受主人公的思想感情。

在这一环节教师通过问题给学生搭建"脚手架"，引导学生观察食物和"我"的表情得出小女孩心情的变化，梳理情感线，同时思考她不开心的原因。在观察表情、思考小女孩的心情时提高了学生的缜密性思维，让学生抓住故事的细节进行体会。

观察图片 4 把握时间点，厘清故事情节的发展。主人公和怪兽在午餐后又一起玩了一会，不久后就到了第二个时间点下午茶的时间，学生观察图片说出 Toon 给"我"准备的点心，分析文中的"我"是否喜欢这个食物。在思考的过程中，以学生为主体，让学生自主探索，学会通过细节寻找答案并验证想法。

图片 4

3. 设置发散性问题，促其探索满足学生好奇心，提高学生的批判性思维

教师通过挖掘故事的内容，寻找留白处，为学生寻找可以提出不同想法的地方进行小组讨论。通过询问学生"如果你是他，你会怎么做"等类似的问题，培养学生换位思考的能力，同时初步思考作为主人怎么招待客人，发散思维思考。

教师在进行教学设计时要遵循一切为最终铺路的原则，为学生搭建"脚手架"，逐步引导学生体会文本中的思想感情，明白作者通过本文想要我们得到什么的原则。引导过程中可以通过"问题串"设置合理的问题，并视情节不断追问，让学生达成教学目标，明白文本内容。通过观察和分析，教师需要引导学生关注人物的细节，以及不同人物不同的做法，从而培养学生的批判性思维，让学生以不同的视角看待同一件事情，并进行思考。通过小组角色扮演深入体会文中主人公的思想情感。通过讨论提高学生的合作能力，换位思考后想想怎么做能够提高学生解决问题的能力。

4. 设置批判性问题，利用激疑法，延续好奇心

教师在设计问题时会出现一些无效问题，缺少对学生思辨能力的引导。在阅读时教师可以设计一些批判性问题，让学生思考是非及原因。

【教学片段】：学生观察图片5，Toon 的母亲过来拿了一些东西给"我"吃。通过观察教师询问："What does she bring to us?""Do I like them?" 在这里可以明显看出文中的"我"很喜欢 Toon 母亲拿来的食物，在这一环节要让学生思考原因，通过对比 Toon 给"我"食物时"我"的表现，和 Toon 母亲给"我"时"我"的表现进行分析，为什么文中的"我"对不同的食物有着不同的喜好，培养和发展学生的批判性思维，让学生学会从第三视角看问题、析原因。这一问题的设置可以让学生发展批判性思维，从不同的视角思考不同的问题。教师在此时不说明原因，让学生自己在故事的环节中探索，调动学生的好奇心。

5. 开放讨论，保护学生好奇心，提高学生思维

在问题中设计给学生空间的问题、组织小组讨论等活动，让学生进行信息的交流整合。在讨论的过程中教师加以追问，引导学生不断地进行思考。

【教学片段】：时间过得很快，通过图片6让学生看出已经到回家的时间了，Toon 给了主人公一个盒子作为礼物，教师询问："What's in the box?" 抓住学生的好奇心，一起讨论盒子里会是什么东西。通过图片7，提出问题："Do they like this gift?" 学生可以说出小女孩的家人并不喜欢

图片 5

这一礼物，此时，学生已经知道了原因，教师追问："If you were Monster Toon, what will you choose for the girl as a gift?" 让学生自主讨论。

图片 6

图片 7

（三）设计开放性活动，用"好奇"提高思维

1. 借助思维导图

思维导图是用图形反映思维的有效工具。通过逐层呈现图形，针对小学生形象思维和抽象思维不完善的情况，帮助他们厘清逻辑关系（沈

珊萍，2020）。

学生绘制结构图，梳理课文主线。学生可以通过绘制思维导图来加强记忆并梳理文章的上下文，来更好地理解文章。不同的思维导图可以体现不同文章的特点，突出重点和难点，让学生学得更扎实。低年级在进行思维导图的教学过程中，可以通过教师带领做一个，学生完成其他的，来实现思维导图的作用。培养学生按照一定的顺序和逻辑熟悉阅读，提高学生自主阅读的习惯。

常见的思维导图包括树状图、圆形图和韦恩图。树形图是最直观、最简单的思维导图形式。它在树干部分显示关键信息，还包括各级分支，突出重点、难点。圆形图是由两个或多个圆组成的图形。内圈是正文的核心主题，外圈是正文的详细信息。这张图可以让学生清楚地看到各层之间的关系，让课文更容易理解。韦恩图可以帮助学生找到文本中存在的共性关系，找到交集。每个思维导图都有自己的特点和功能，教师应引导学生绘制不同的思维导图。

【教学片段 1】在这里教师使用了韦恩图，此图让低年级学生更直观地看出 Toon 喜欢的食物、小女孩喜欢的食物，以及二者共同喜欢的食物的关系，有利于学生理解文本中想要传递的情感，即：How to be a good host? 通过教师示范贴图到学生自己贴图的过程中，培养了学生的思维和动手能力，也让学生更加理解本文，思考如何成为一名好的主人。

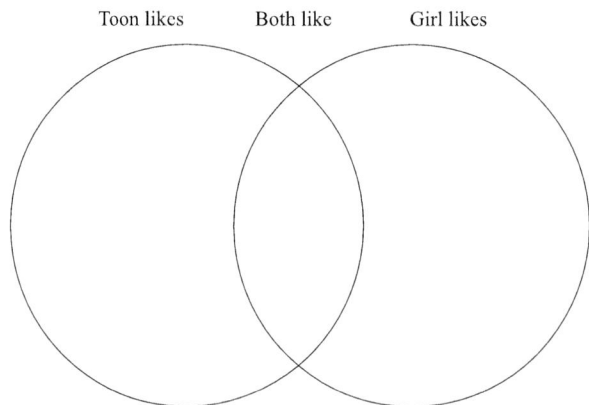

Toon likes　　　　Both like　　　Girl likes

【教学片段 2】教师通过在 mother tongue，national flag，famous cities，other names 几方面给学生展示有关美国的背景文化知识，培养学生思考问题的全面性。同时在讲授新知识前，通过此方式激发学生的学习兴趣，使其对后面所阅读的内容有更大的好奇。

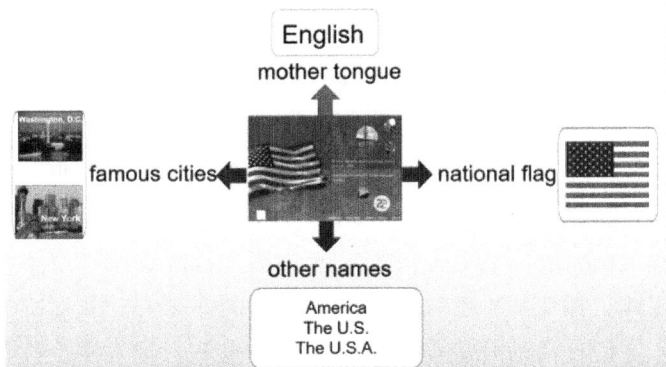

【教学片段3】在梳理故事人物角色时运用此图可以培养学生的逻辑性思维，梳理家庭人物之间的关系，也可以让学生着手画一些简单的思维导图，激活已知。

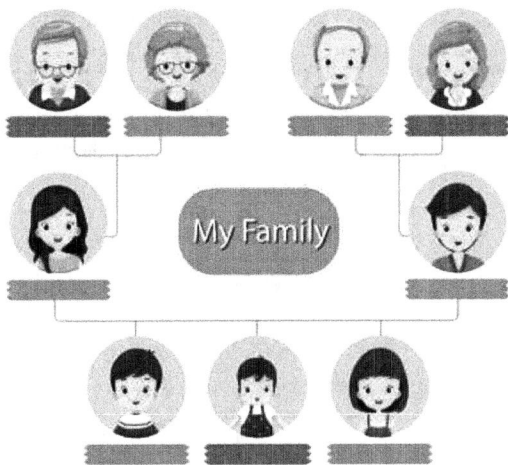

2. 设计开放性结尾，提高学生创造性思维

教师在设计教学活动时要抓住文本中存在的留白点，引导学生思考，给学生想象的空间。在设计结尾时可以运用改编、创编的方式，给学生展示的机会，从而提高学生的创造性思维。

【教学片段】教师总结后引导学生自主创编故事，思考收到虫子礼物的小女孩会和 Toon 发生什么样的故事，让学生在课下进行讨论，培养学生的想象能力和创造性思维。通过学生之间的思想碰撞，每个人都能获得不同的知识。在改编过程中，学生不仅参与了阅读和思考，还通过有趣的方式提升了语用能力。教师可以让学生在教室前表演他们的故事。通过此方式，学生可以锻炼他们的合作意识，提高他们的口头表达能力。结束后，学生们进行内部评比，选出自己最喜欢的编剧和最佳演员，学生可以得到自我满足，丰富他们的业余时间。

英语阅读在英语学习中起着重要的作用。教师在设计教学活动时要以学生为主体，抓住学生的兴趣，激发学生的好奇心，从而提高学生的阅读能力。在设计活动时从小学生的认知特点和习惯入手，抓住他们的特点，从不同的切入点设计不同的教学活动。通过激发兴趣、问题驱动以及多样的开放性活动，吸引学生的注意，解决在阅读教学中教师注重知识教学、忽视阅读能力培养的问题。"授人以鱼不如授人以渔"，在教会学生知识外更要教会学生如何学习、怎样学习。通过激发学生的兴趣，让学生爱上阅读。在阅读中让学生体会到英语的有趣之处。好奇心是学生学习的内在动机。教师通过激发学生的好奇心培养他们的兴趣和学习习惯，特别是在设计课堂教学的过程中要培养他们发现问题、解决问题的能力。在课堂中调动学生的积极性，引导和培养他们勤思考、多提问、敢质疑的品质，充分发挥其的主体性，打造以教师为主导、学生为主体的多彩课堂。

参 考 文 献

[1] 中华人民共和国教育部. 义务教育英语课程标准（2011 年版）[S]. 北京：北京师范大学出版社，2012.

[2] 刘怡宏，宫莉，刘静. 皮亚杰认知发展理论 [J]. 小品文选刊（下），2017（5）：284 - 284.

[3] 郭大来. 试分析小学生心理特点改进小学体育教学方法 [J]. 新课程（小学），2017（11）：76.

[4] 张如星. 小学高年级英语阅读教学的现状分析及对策研究 [J]. 英语教师，2010（10）：11 - 13.

[5] 李颖玉. 浅谈英语阅读中的文化差异及学习方法 [J]. 中学课程辅

导（教学研究），2017（33）：115.

[6] 张金花．浅析绘本在小学英语阅读教学中的意义与应用策略［J］.教学管理与教育研究，2019（10）：38－39.

[7] 中华人民共和国教育部．普通高中英语课程标准［S］.北京：人民教育出版社，2020.

[8] 沈珊萍．思维导图在小学英语阅读课上的设计与实践［J］.新智慧，2020（18）：122.

第十二章

指向深度学习的单元教学设计

——以 We Love Different Food and Drinks 为例

游晓燕

教学内容基本信息	
实施年级	二年级
使用教材	外研版二年级上册
单元名称	We Love Different Food and Drinks
单元课时	6 课时
教学内容分析	外研版小学英语教材二年级（上）第二、三模块主题为新课标（2022）中所提及的"人与自我""人与社会"主题群涉及"生活与学习""做人与做事""历史、社会与文化"中"个人喜好与情感表达""饮食与健康""同伴交往，互相尊重，友好互助"三个子主题。 基于教材确定单元主题：We Love Different Food and Drinks，重新整合补充单元内容，形成以主题意义贯穿的新的设计，见下面的思维导图：

续表

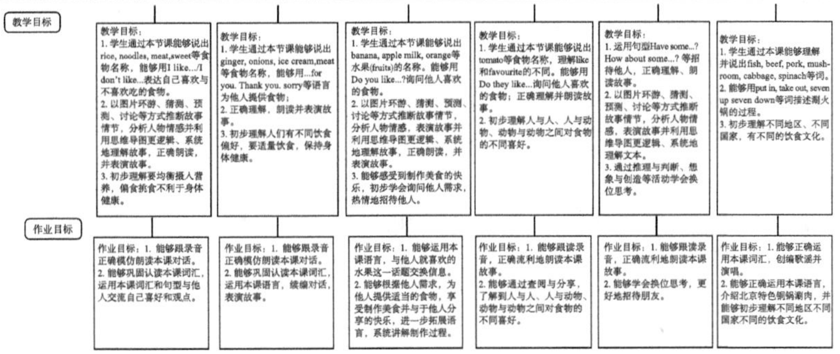
教学目标
教学目标：
1. 学生通过本节课能够说出rice, noodles, meat,sweet等食物名称，能够用I like.../I don't like...表达自己喜欢与不喜欢吃的食物。
2. 以图片环游、猜测、预测、讨论等方式推断故事情节，分析人物情感并利用思维导图更逻辑、系统地理解故事，正确朗读，并表演故事。
3. 初步理解要均衡摄人营养，偏食挑食不利于身体健康。
教学目标：
1. 学生通过本节课能够说出ginger, onions, ice cream,meat等食物名称，能够用...for you. Thank you. sorry等语言为他人提供食物；
2. 正确理解，朗读并表演故事。
3. 初步理解人们有不同饮食偏好，要适量饮食，保持身体健康。
教学目标：
1. 学生通过本节课能够说出banana, apple milk, orange等水果(fruits)的名称。能够用Do you like...?询问他人喜欢的食物。
2. 以图片环游、猜测、预测、讨论等方式推断故事情节，分析人物情感，表演故事并利用思维导图更逻辑、系统地理解故事，正确朗读，并表演故事。
3. 能够感受到制作美食的快乐，初步学会询问他人需求，热情地招待他人。
教学目标：
1. 学生通过本节课能够说出tomato等食物名称，理解like和favourite的不同。能够用Do they like...询问他人喜欢的食物；正确理解并朗读故事。
2. 初步理解人与人、人与动物、动物与动物之间对食物的不同喜好。
教学目标：
1. 运用句型Have some...? How about some...? 等招待他人，正确理解、朗读故事。
2. 以图片环游、猜测、预测、讨论等方式推断故事情节，分析人物情感，表演故事并利用思维导图更逻辑、系统地理解文本。
3. 通过推理与判断、想象与创造等活动学会换位思考。
教学目标：
1. 学生通过本课能够理解并说出fish, beef, pork, mushroom, cabbage, spinach等词。
2. 能够用put in, take out, seven up seven down等词描述涮火锅的过程。
3. 初步理解不同地区、不同国家，有不同的饮食文化。
作业目标
作业目标：1. 能够跟录音正确模仿朗读本课对话。
2. 能够巩固认读本课词汇，运用本课词汇和句型与他人交流自己喜好和观点。
作业目标：1. 能够跟录音正确模仿朗读本课对话。
2. 能够巩固认读本课词汇，运用本课语言，续编对话，表演故事。
作业目标：1. 能够运用本课语言，与他人就喜欢的水果这一话题交换信息。
2. 能够根据他人需求，为他人提供适当的食物，享受制作美食并与于他人分享的快乐，进一步拓展语言，系统讲解制作过程。
作业目标：1. 能够跟读录音，正确流利地朗读本课故事。
2. 能够通过查阅与分享，了解到人与人、人与动物、动物与动物之间对食物的不同喜好。
作业目标：1. 能够跟读录音，正确流利地朗读本课故事。
2. 能够学会换位思考，更好地招待朋友。
作业目标：1. 能够正确运用本课词汇，创编歌谣并演唱。
2. 能够正确运用本课语言，介绍北京特色铜锅涮肉，并能够初步理解不同地区不同国家不同的饮食文化。

新的设计整合学习资源，根据主题意义进行构建，根据话题重组了三个小学习单元。

学习单元	课时	主要内容
Food I like	第一课时	小 Tom 积极表达了自己对食物的喜好，却太挑食，最后在 Ms Smart 糖果的激励下不再挑食。通过分析文本，发现可以帮助学生在学习过程中，合理猜测推断故事情节，分析人物，帮助学生在表达自己喜好的同时，认识到均衡饮食的重要性
	第二课时	Sam 面对 Amy 送来的不同食物，吃完后有不同的反应，也表达了自己对 Amy 送来不同食物的喜好。本课可以帮助学生从 Amy 的角度分析怎样为 Sam 提供更合适的食物，最后，了解人与人之间有不同的饮食偏好
Food for Different Creatures	第三课时	Amy 邀请 LingLing 到家中做客，询问 LingLing 的喜好并制作了美味的水果奶昔招待 LingLing。在本课学生学习询问他人对食物的喜好，通过活动能够理解人与人之间饮食偏好的不同
	第四课时	Amy，LingLing 和 Sam 去养猪场参观，通过询问大叔了解了小猪对食物的喜好，同时根据补充活动了解到不同动物有不同的饮食习惯与饮食偏好
Food for Friends	第五课时	"A Day with Monster Toon" 讲述了小女孩去好朋友小怪物 Toon 家做客，Toon 拿出自己最喜欢的食物招待客人，可是不同的饮食习惯却没有让客人开心。故事体现了饮食习惯差异，只有尊重差异，换位思考，才能更好地热情待客
	第六课时	"Hot Pot! Cool!" 是一节绘本阅读课，讲述了故事主人公想要吃的基本的火锅食材并补充了涮火锅的简单语言表达，让学生认识了四川火锅，并简单了解了不同地区、国家的火锅不同，进而理解了不同地区不同的饮食习惯和饮食偏好

（左栏：教学内容分析）

续表

学情分析	学生是我校二年级的学生，语言水平和语言学习能力较强，经过一学年的在校学习，逐步形成了一定的英语学习习惯，能够发现生活中的英语，与老师一起完成英语活动，喜欢以做游戏、体验、表演的方式学习英语知识，发展听、说、读、演、用的各种语言能力
开放性学习环境	安全、熟悉的教学环境，和谐的师生关系更有利于学生课堂学习

素养导向的学习目标	
课标素养名称	单元学习目标
语言能力	1. 使用本单元所学的介绍饮食的语言，表达自己对不同食物的喜好、询问他人对食物的喜好；
学习能力	2. 获取文本内关于饮食的关键信息，分析介绍饮食文化的篇章的逻辑结构；
思维品质	3. 理解不同的人、动物有不同的饮食偏好，不同的地区、国家有不同的饮食习惯，换位思考，理解并尊重他人的饮食文化；
文化意识	4. 运用本单元所学的饮食方面的语言、逻辑、结构、文化，介绍当地饮食文化，表达对饮食文化的观点和态度，积极传播中国的饮食文化

挑战性学习活动			
课时	任务序号	教学过程	评价建议
第2课时	任务1	1. 调查家人喜欢的水果，运用你的调查结果，为家人制作水果奶昔、水果沙拉或水果拼盘，并尝试用你喜欢的形式描述你的制作过程	活动分为三个层次，用所学语言调查家人喜欢吃的水果；能够根据调查结果为家人制作水果奶昔、水果沙拉和水果拼盘；能够用自己喜欢的形式介绍自己的制作创意
第3课时	任务2	2. 用所学语言介绍老北京铜锅涮肉。拓展与思考：①北京火锅与四川火锅或其他火锅相比有什么特别之处？②思考北京火锅中哪些食物漂浮（Float）、哪些食物下沉（Sink）。以小组或者个人为单位选定北京餐饮老字号为研究对象，了解北京饮食老字号的历史、创始人/传承人信息、食物制作过程等并介绍。遴选优秀作品在学校公众号和校园内展示	活动分为三个层次，能够运用课上所学语言介绍铜锅涮肉；能够在运用课上所学语言的基础上，表达自己对食物的喜好；能够表达自己对铜锅涮肉中自己的食物偏好，并用丰富的语言介绍铜锅涮肉，能够说出1~2点北京火锅与课上所学四川火锅或者其他火锅相比的特别之处

持续性学习评价			
需要评价的活动	活动评价建议		
制作水果奶昔	评价方式	评价标准	星星等级
	学生自评；生生互评；家长评价；教师评价	能够用所学语言调查家人喜欢吃的水果，完成调查报告	☆
		能够根据调查结果为家人制作水果奶昔、水果沙拉和水果拼盘	☆☆
		能够在制作的过程中或制作后有条理地讲解制作过程以及创意	☆☆☆
介绍老北京火锅	评价方式	评价标准	星星等级
	学生自评；生生互评；家长评价；教师评价	能够运用课上所学语言介绍铜锅涮肉	☆
		能够在运用课上所学语言的基础上，表达自己对食物的喜好	☆☆
		能够表达自己对铜锅涮肉中自己的食物偏好，并用丰富的语言介绍铜锅涮肉：①能够说出 1～2 点北京火锅与课上所学四川火锅或者其他火锅相比的特别之处。②能够观察并判断火锅中食物的状态	☆☆☆

反思性教学改进

1. 课时活动之间联系不够紧密

课时活动虽然丰富多样，但是活动之间联系不够紧密，任务虽然能够帮助学生进一步巩固、拓展课上所学内容，提升学生的综合能力，但是没有设计单元大任务，整体上看比较分散，任务之间的逻辑和关联性不强。

2. 设计创编绘本和舞台剧的单元大任务

可以鼓励学生利用本单元所学内容创编绘本或者舞台剧，每课时完成绘本的一章或者舞台剧的一幕，将本单元所学内容进一步串联起来，邀请朋友做客，了解朋友的饮食偏好并给出建议，介绍自己的饮食偏好，带朋友尝试自己喜欢的北京美食老字号，等等，帮助学生灵活运用本单元所学并进一步内化语言。一方面，能够提高单元活动的整体性，另一方面，学生完成任务后也会有更强的成就感

课时教学设计

第 5 课时	A Day with Monster Toon

课时教学设计

<table>
<tr>
<td>课时
教材
分析</td>
<td>

　　丽声北极星分级绘本共包括四个级别的教学资源，每个级别包含上下两册，其话题、词汇、句型以及语法现象均与主教材一致，它鼓励孩子初步掌握听读、朗读、跟读等一系列阅读技巧，从而为更深入的阅读打下良好基础。同时渗透情感、态度、价值观等内容，使学生在英语学习中学会做人做事。

　　1.〔What〕主题意义与主要内容

　　本节课的故事为丽声北极星分级绘本第一级上册 A Day with Monster Toon，对应课标话题：Food and Drinks，故事讲述了小女孩去好朋友小怪物 Toon 家做客，Toon 拿出自己最喜欢的食物招待客人，可是不同的饮食习惯却没有让客人开心，这样的故事发生时，我们的孩子又会怎样招待客人呢？怎样才能更好地招待客人？

　　2.〔Why〕写作意图

　　通过故事的学习，让学生关注与他人相处的过程中，了解并尊重他人的饮食习惯，才能更好地待客。面对彼此的不同，待客时要了解对方的需求与喜好，进而思考并实践尊重对方文化、换位思考等与他人相处的方式。

　　3.〔How〕文体结构和语言修辞

　　故事以从清晨到傍晚的时间线为主线，用一般现在时呈现了四处对话，第一处湖边野餐时，小怪物拿来夹满毛毛虫的三明治和绿色树叶做成的果汁说："Have some..."但是小女孩不能接受这样的食物，拒绝了小怪物。第二处小怪物和小女孩在大树下玩耍时，小怪物拿来虫子蛋糕和有泥沙的水问："How about some...?"小女孩还是不能接受。第三处小怪兽的妈妈带来了一些水果，小怪物问："Do you like...?"小女孩很喜欢这些水果。第四处太阳落山了，小女孩准备回家，小怪物给小女孩准备了点心带回家，这个装满虫子的点心盒吓坏了小女孩的家人。

　　故事中小怪物拿来的食物都十分有特点，它与人类不同的饮食习惯以及期望小女孩接受食物的情景十分有趣，故事的结尾小女孩拿到的点心吓坏自己家人的情节充满了想象力，也让人大跌眼镜，明确点出了小怪物和人类不同的饮食习惯。

　　故事的话题是饮食，其中食物名词：bread, cake, snack；饮品名词：juice, water；水果名词：fruit, apple, orange, banana；招待他人的句型：Have some... , How about some...？

</td>
</tr>
</table>

<table>
<tr><td rowspan="3">课时学情分析</td><td colspan="3">

1. 学生已有知识经验分析
①句型方面：

模块	已学核心句
Module 2 Unit 1 – 2	I like... /I don't like...
Module 3 Unit 1	Do you like...? Yes, I do. /No, I don't.
Module 3 Unit 2	Do they like...? Yes, they do. /No, they don't. They like...

　　学生在第二、三模块已经学习了如何运用 I like... /I don't like... 表达自己喜欢与不喜欢吃的食物，并运用 Do you like.../Do they like...？询问他人喜欢吃的食物。本课在此基础上进行拓展延伸，学生学习向他人提供饮食建议，招待他人。
②词汇方面：

教材梳理	模块	与主题相关已知词汇
教材梳理	Module 2	食物名称：meat, noodles, rice, sweets, ginger, onion, ice cream
教材梳理	Module 3	食物名称：banana, apple, milk, orange, fruit, milkshake, tomato
歌曲补充	共计 18 个	食物名称：broccoli, popcorn, pizza, juice, donut, soup

2. 学生的学习风格与特点
　　本节课的授课对象是我校一年级 1 班的学生，本班学生经过一个学期的在校学习，能够听懂老师的课堂指令，逐步形成了一定的英语学习习惯，能够与老师一起完成英语活动，学习英语知识，发展英语的各项技能。

3. 学生学习能力分析
　　学生从本学期开始学习绘本故事，每周阅读一本，初步了解了预测、找寻答案、推断等阅读策略。学生喜爱自主阅读，绘本课上学习兴趣浓厚，乐于表达自己的观点。班级学生认知水平和学习能力存在差异，教师要充分尊重学生的个体差异，保护学生的学习兴趣，关注学生的学习需要，坚持全面育人、面向全体，设计不同层次的学习活动，充分调动学生的学习积极性，关注学生的实际获得，培养学生的关键能力，不断促进学生发展

</td></tr>
</table>

课时学习重点	①运用句型 Have some...？/How about some...？等招待他人，正确理解、朗读故事。②以图片环游、猜测、预测、讨论等方式推断故事情节，分析人物情感，表演故事并利用思维导图使感性思维可视化

续表

课时学习难点	通过推理与判断、想象与创造等活动学会换位思考	
开放性学习环境	安全、熟悉的教学环境，和谐的师生关系更有利于学生的课堂学习	

课时学习目标

单元学习目标	课时学习目标	
a b ……	在本课学习结束时，学生能够： ①学习理解：运用句型 Have some...? /How about some...? 等招待他人，正确理解、朗读故事。 ②应用实践：以图片环游、猜测、预测、讨论等方式推断故事情节，分析人物情感，表演故事并利用思维导图更逻辑、系统地理解文本。 ③迁移创新：通过推理与判断、想象与创造等活动学会换位思考	

课时教学过程

学习任务名称	教学过程	评价建议
激活已知导入课题	1. Sing a song broccoli　　apple ice cream　　chillies —Do you like these food? —Which do you like? Which not?	通过歌曲和提问使学生迅速进入本课主题：食物和饮料

学习任务名称	教学过程	评价建议
根据绘本封面预测故事情节	2. Read the book cover T and Ss read the book cover to identify the main characters and predict the plots of the story. 【Pic1】T：I am the little girl, what am I doing? I am... I am visiting Monster Toon. A Day with Monster Toon 	通过阅读绘本封面的画面和标题等信息，学生明确本课人物，并预测故事情节
获取图片信息；推断故事情节	3. Read the story ➢ T leads and helps Ss to read the story. 【Pic 2】 It's lunchtime. We play until lunchtime. ➢ T asks Ss 1）to get key information by asking "What do we do? We sleep? We study?" 2）to make heuristic reasoning through "It's lunchtime, I am... hungry. What will we do next?"	学生能够在教师的引导下获取故事关键信息，并根据信息合理推测故事发展

学习任务名称	教学过程	评价建议
获取图片信息；推断故事情节	➢ T asks Ss 1）to get key information through asking "What do we do after lunch?" 【Pic 3】 We play again after lunch. 2）to make heuristic reasoning through asking "What will Monster Toon bring to me? What will Toon say? What will I say? Why?" 3）to analyze character's emotions through asking "Do I like them?" 【Pic 4】 Toon brings me some juice and some bread. They don't look nice. No, thanks. Have some juice and some bread.	学生能够在教师的引导下获取故事的关键信息，并根据信息合理推测故事情节，分析人物情感

学习任务名称	教学过程	评价建议
推断故事情节；分析人物情感	➤ T asks Ss 1）to make heuristic reasoning through asking "What will Monster Toon bring to me? What will Toon say? What will I say?" 2）to analyze character's emotions through asking "Do I like these food?" 【Pic 5】 Un…No. How about some cakes? Toon brings me some water and some cakes. They don't look nice.	学生能够在教师的引导下获取故事的关键信息，并根据信息合理推测故事情节，分析人物情感
获取图片信息；分析人物情感	➤ T asks Ss 1）to get key information through asking "Toon's Mum is coming. What does she bring to us?" 【Pic 6】 Toon's mum gives us some fruits to eat. 2）to get detailed information through asking "What are these fruits?"	学生能够在教师的引导下获取有故事的关键信息，并根据信息合理推测故事情节，分析人物情感

学习任务名称	教学过程	评价建议
获取图片信息；分析人物情感	3）to analyze characters' emotions through asking "Do I like them?" 【Pic 7】 There are apples , bananas and oranges. They look nice , so I eat a lot. Do you like fruits the best? Yes , I do.	
获取故事信息；预测故事情节	➤ T asks Ss 1）to get key information through asking "What time is it?" 2）to make heuristic reasoning through "It's dark outside. It's time to... go home." 【Pic 8】 Time to go home. Toon gives me a box of snacks.	学生能够在教师的引导下获取故事的关键信息，并根据信息合理推测故事情节，分析人物情感

学习任务名称	教学过程	评价建议
预测故事情节；分析人物情感；完成思维导图	➤ T asks Ss 1）to predict through asking "What's in the box?" 2）to analyze characters' emotions through asking "Do I like them?" 【Pic 9】 Finish the mind map.	学生能够在教师的引导下，结合上下文合理推测故事中小怪物的礼物，分析小女孩情感。 师生共建板书，完成思维导图
听读表演故事；体会人物情感	4. Read and act 1）T asks Ss to read the story with audio. 2）T invites Ss to act the story.	学生能够听读表演故事，体会故事中的人物情感

续表

学习任务名称	教学过程	评价建议
听读表演故事；体会人物情感		
通过迁移创新活动学会换位思考	 If you were Monster Toon, what food will you choose for the girl? Monster: "I will choose_____." 5. Read and discuss Discuss Do you think Monster Toon is a good host? I think Monster Toon isn't/is a good host.	学生通过回答问题，学会换位思考，理解文本中热情待客的主题意义。 学生能够通过思考讨论对 Toon 的待客之道进行评价。 学生能够讨论怎样能够更好地理解差异不同，换位思考，热情待客（换位思考、入乡随俗是学生熟悉的习语。）

学习任务名称	教学过程	评价建议
通过迁移创新活动学会换位思考	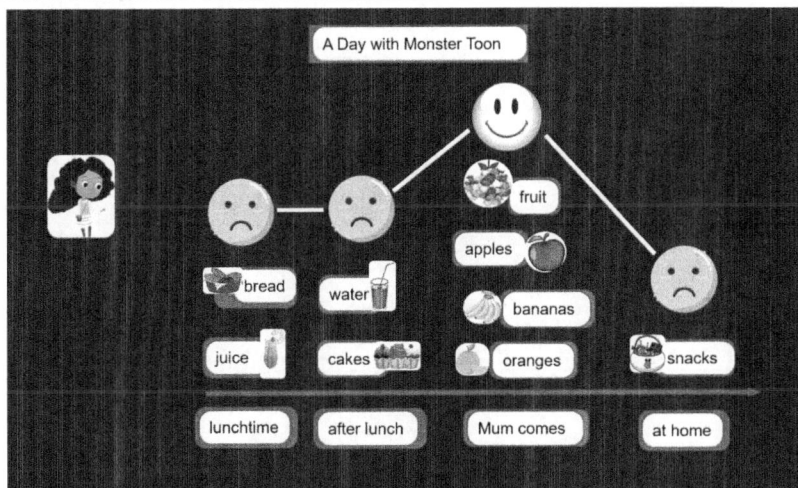	

课时教学板书设计

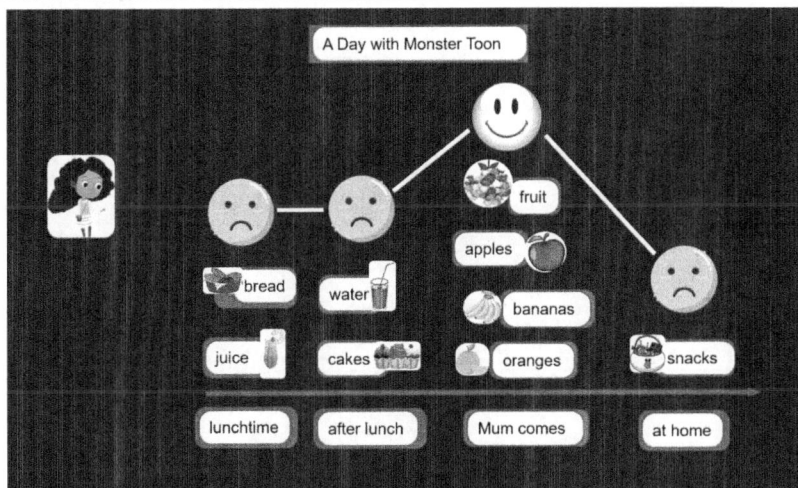

课时作业设计

①听读本节课的故事，要求准确、流利、有感情。

②思考如果你的四川朋友来你家，你会怎样招待他/她。

Homework

If a friend comes from Sichuan, what will you do for him?

Beijing Roast Duck

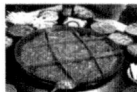

Hot Pot

The Great Wall

The Palace Museum

续表

课时反思性教学改进
上完课后，反思本节课，还有如下两点可以改进： ①可以引导学生通过多角度讲述故事，培养学生换位思考的能力。 本节课的故事是以小女孩的视角去叙述的，学生虽然进行了表演，对人物有所体会，但仍然可以通过小怪物或者第三人视角讲述故事，从不同角度体会小怪物和小女孩不同的心态和情感，进一步内化所学并创造性地讲述故事。在以后的课堂中，随着学生英语及思维能力的逐步提高，教师要多创造这种多角度理解、讲述故事的活动，提供学生更深度思考的机会。 ②可以引导学生续编故事，进一步培养其创新性思维。 文本处理完成后，教师引导学生体会了故事的主题意义，但是故事结尾小怪物作为小女孩的朋友并没有替小女孩着想，也没有明白如何换位思考理解他人、如何热情待客等，教师可以进一步引导学生续编故事结尾，发展学生的创造性思维

第十三章

指向思维实践的单元作业设计

——以 We Like Sports 为例

庞婧怡

一、基本信息					
单元主题	We like sports		作业主题	We like sports	
实施年级	一年级	所需时长	两周	语种	英语
二、作业设计					

<table>
<tr><td rowspan="2">单元简介</td><td colspan="5">

（一）单元总体目标

1. 通过不同的对话文本及故事掌握有关运动的词汇及句型，能够表达自己的喜好，询问他人的喜好。

2. 提升运动兴趣，能邀请他人一起参与多样的体育运动，并对邀请给予合适的回答。

3. 进一步了解中国传统运动，以沙包为例，通过介绍制作过程，吸引更多的人一起玩沙包，了解更多的中国传统运动。

（二）单元内容及结构图

本单元为外研版一年级下册内容，主题为 We like sports，属于"人与自我"范畴。通过本单元的学习学生可以掌握有关球类运动及其他运动的单词，并运用词汇和句型表达自己喜爱的运动和他人喜爱的运动，能够邀请他人一起运动并能够尊重、理解他人的选择。在这一大观念下，分为以下 5 课时。

</td></tr>
</table>

单元主题	We like sports				
课时主题	第一课时 Sports I know.	第二课时 I like football.	第三课时 What's your favourite sport?	第四课时 Let's play football!	第五课时 I like playing with sandbags.
教学材料					
教学内容	本课讲述LingLing不小心打翻了球篮，将球篮里的球掉落了一地，在全班同学的齐心协力下他们一起找到了掉落在各处的所有球。通过这本节课的学习，学生可以运用句型There is/are...描述球的位置，培养学生在运动后将运动器材放回指定位置的好习惯。	本课讲述Panpan和朋友踢足球的故事，他们到了场地后Panpan发现自己的书包露了一个洞，最后他们也没有踢上足球。通过这本课的学习，学生可以表达自己喜欢的运动，通过讨论学生了解自己遇到这种情况会怎么做、如何避免在运动时出现这种情况。	本课由两位小朋友的对话构成，两位小朋友通过句型What's your favourite...?询问对方最喜欢的颜色、动物、运动。通过本课学习，引导和培养学生倾听的好习惯，了解他人的喜好，关心他人。	本课Sam邀请朋友Darming一起踢足球、打篮球、游泳。Darming都同意了，但在Sam邀请他打乒乓球时，Darming却拒绝了，并说明了原因。通过本课的学习，学生可以掌握邀请他人的句型，并对其作出回应，同时学会委婉而有礼的表达，并且理解和尊重他人的选择。	本课探索中国传统运动，结合体育课挑搬沙包的学习，引导学生融入自己喜欢的元素，制作属于自己的沙包，并用简单动词描述过程。通过本课的学习，引导学生了解中国传统文化，培养学生的爱国精神，能够用外语讲述中国传统文化沙包的制作过程，让更多的人了解沙包，爱上沙包这项运动。

续表

教学目标	能掌握单词basketball, football, ping-pang ball, swimming, sport等词汇；能运用There be句型描述球所在位置。	能够简单介绍、描述自己喜欢的运动，培养学生的运动兴趣。	能运用所学句型询问他人喜欢的运动及其他事物，并根据问句做出回答。	能用短句邀请他人和自己一起做运动，并在他人邀请自己时作出准确回应。培养学生能够倾听他人想法，理解他人。	学生能够探索中国传统运动沙包，制作出一个属于自己的沙包，并简单介绍过程，培养学生的爱国精神。

（三）课时教学目标

第一课时	1. 学生能够在语境中掌握单词 basketball, football, ping-pong ball, swimming, sport 等词汇；并能运用 There be 句型描述球所在位置。 2. 学生能够养成正确收纳运动器械的好习惯
第二课时	1. 学生能够用 I like... 简单介绍、描述自己喜欢的运动，培养学生的运动兴趣。 2. 学生讨论如果自己遇到 Panpan 的情况会怎么做，如何避免在运动时出现这种情况，并给出建议
第三课时	1. 学生能够运用句型 What's your favourite...? 询问对方最喜欢的颜色、动物、运动等。 2. 学生可以用 My favourite... is... 进行回答，并用 He's/She's favourite... is... 介绍他人的喜好。 3. 初步做到能够了解他人的喜好，关心他人
第四课时	1. 学生能够运用 Let's... 邀请他人一起做运动。 2. 学生能够对他人的邀请做出回应：Yes, I do. /Good idea/OK, Let's go! /I'd love to, but I'm... 3. 学生能够学会委婉有礼貌的表达方式，并且理解和尊重他人的选择
第五课时	1. 学生能用 design, sew, cut 等简单动词描述制作沙包的过程。 2. 学生能够用简单句子从形状、填充物、材质等方面描述设计的沙包。 3. 引导学生了解中国传统文化，培养学生爱国精神，能够用外语讲述中国传统文化沙包的制作过程，让更多的人了解沙包，爱上沙包这项运动

单元简介

在本单元大观念主题与小观念分解脉络的综合结构建构框架下，学生通过听、说、读、看多种方式学习和体会运动的快乐，教师通过讲授主要内容，在了解—掌握—运用—拓展的过程中，引导学生学习体会故事事件，运用所学句型提升表达能力，发展思维能力，通过课上生生互评、课下教师评价的方式推动英语学科核心素养在学生个体上的提升，完善评价体系

设计说明	（一）指导思想与理论依据 在日常教学中存在着用作业数量替代作业质量、作业形式及功能单一、不能满足学生学习的不同需求等问题。在"双减"政策背景下提高作业设计质量、减轻作业负担过重、凸显作业在减负提质中的重要作用。本作业设计秉持英语学习活动观，以主题为引领，通过学习理解、应用实践和迁移创新等活动，引领学生整合性地学习语言知识和文化知识，进而运用所学知识、技能和策略，围绕主题表达个人观点和态度，解决真实问题，达到在教学中培养学生核心素养的目的。在作业设计中强调培养学生的实践能力和创新精神，能够用所学知识做事情。 多元智能理论认为，每一个正常人都有八种智能：语言智能，音乐智能，逻辑智能，空间智能，运动智能，人际关系智能，自我认识智能，自然观察智能。每一个人都可以使自己的这八种智能发展到不同水平，而这八大智能的合理发展能有效地促进学习。"听""说"是小学英语中的基础，一年级学生年纪小、好奇心强，可以依托任务式的单元整体作业设计，将一个单元的知识点整合起来，组成系列活动。同时抓住学生喜欢绘画、动手的特点，边做边学，落实"基础作业"、组织"能力作业"、优化"拓展实践作业"，以提升作业的针对性、实践性，从而促进学生多方面的持续发展。通过对课程的学习，以线上线下融合作业的方式，让学生能够在生活情境中运用所学，正确表述自己、调查他人喜爱的运动，在调查过程中能够巩固所学，拓展调查范围，并将所收集的信息作为自己设计沙包时可采用的元素。在本单元的学习过程中，让学生了解运动、爱上运动，将所学知识与中国传统文化结合，向他人展示和传递中国运动及中国运动精神。 （二）作业目标与学习目标的关系

学习单元	课时	教学目标	作业目标	关系
Sports I know.	第一课时	1. 学生能够在语境中掌握单词 basketball, football, ping - pong ball, swimming, sport 等词汇；并能运用 There be 句型描述球所在位置； 2. 学生能够养成正确收纳运动器械的好习惯。	巩固理解文本内容，熟练掌握课文，了解不同的运动名称。	进一步巩固教学目标中的基础知识。

续表

设计说明	学习单元	课时	教学目标	作业目标	关系
	I like football.	第二课时	1. 学生能够用 I like... 简单介绍，描述自己喜欢的运动，培养适当的运动兴趣。 2. 学生讨论如果自己遇到 Panpan 的情况会怎么做，如何避免在运动时出现这种情况，并给出建议	改编歌谣，在歌谣中能够表达自己喜爱的运动，提高运动兴趣	以韵律强的歌谣形式为载体，巩固教学目标中的基础知识并能够创造性地运用语言
	What's your favourite sport?	第三课时	1. 学生能够运用句型 What's your favourite...? 询问对方最喜欢的颜色、动物、运动等。 2. 学生可以用 My favourite... is... 进行回答，并用 He's/She's favourite... is... 介绍他人的喜好。 3. 初步做到能够了解他人的喜好，关心他人	1. 开展调查采访，调查朋友或家人的喜好，完成调查表，初步熟悉家人的喜好。 2. 绘制思维导图，并介绍调查结果，培养学生的逻辑性思维	巩固教学目标中的基础知识，通过采访调查、绘制思维导图的方式，发展学生的逻辑思维，进一步拓展学生的知识结构
	Let's play football!	第四课时	1. 学生能够运用 Let's... 邀请他人一起做运动。 2. 学生能够对他人的邀请做出回应：Yes, I do. /Good idea/OK, Let's go! /I'd love to, but I'm...。 3. 学生能够学会委婉有礼貌的表达方式，并且理解和尊重他人的选择	设计邀请函，邀请朋友或家人一起运动，进一步提高学生的运动热情。询问过程中注意倾听他人的想法，对他人不同的意见给予回应，拥有同理心	巩固教学目标中的基础知识，强化情感目标，在邀请的过程中切身体会委婉的语言，体会说话的艺术

	学习单元	课时	教学目标	作业目标	关系
设计说明	I like playing with sandbags.	第五课时	1. 学生能用 design, sew, cut 等简单动词描述制作沙包的过程。 2. 学生能够用简单句子从形状、填充物、材质等方面描述设计的沙包。 3. 引导学生了解中国传统文化，培养学生的爱国精神，能够用外语讲述中国传统文化沙包的制作过程，让更多的人了解沙包，爱上沙包这项运动	结合自己或家人最喜爱的物品素材，设计自己的沙包，描述制作过程，推广、吸引更多人参与中国传统运动	让学生用所学会的知识做事情，进一步培养其动手能力和表达能力，使学生能够积极运用所学传播中国文化

学情分析	1. 语言基础。 　本单元教学对象为一年级学生，在之前的学习中学生已经能够熟练运用 There be 句型描述家中物品位置，但对运动的词汇还没有接触过。 2. 生活经验。 　生活上学生热爱体育运动，许多同学都有着自己的体育爱好，能够坚持进行体育锻炼，在学校时接触过篮球、沙包等体育器械，了解一定的规则和健康的运动方法。 3. 学习能力。 　一年级学生年龄小、好奇心重，对自己感兴趣的话题学习内驱力强。经过一学期的学习大多数学生已经找到了适合自己的英语学习方法，能够运用所学知识进行简单交流，有一定的英语基础。同时他们酷爱体育运动，对本单元话题十分感兴趣
作业目标	1. 巩固所学句型，能较好、较准确地选用 There is/are 填空，掌握句型用法；理解文本内容，通过排序方式熟练掌握课文。 2. 改编歌谣，在歌谣中能够表达自己喜爱的运动，提高学生的运动兴趣。 3. 开展调查采访，调查朋友或家人的喜好，完成调查表，初步熟悉家人的喜好；绘制思维导图并介绍调查结果，培养学生的逻辑性思维。 4. 设计邀请函，邀请朋友或家人一起运动，进一步提高学生的运动热情，询问过程中注意倾听他人想法，对他人不同的意见给予回应，拥有同理心。

续表

作业目标	5. 结合自己或家人最喜爱的物品素材，设计自己的沙包，描述制作过程，推广、吸引更多人参与中国传统运动					

	课时	作业内容	作业形式	预估时长	作业类型	必做或选做	学科能力
作业设计	第一课时	1. Fill in the blanks. 学生能够正确选择there is/there are填空，补全内容	口语作业	2分钟	基础性作业	必做	学习理解
		2. Order the pictures and read the text. 学生通过将文本图片重排顺序，巩固课文内容，排序完毕后准确、流利、有感情地朗读课文	口语作业	3分钟	巩固性作业	选做	应用实践
	第二课时	1. Sing the song. WE LIKE SWIMMING 将课上所学歌曲有感情地演唱出来	歌曲演唱	3分钟	基础性作业	必做	学习理解

课时	作业内容	作业形式	预估时长	作业类型	必做或选做	学科能力
第二课时	2. Adapt the chant and sing it. Basketball Basketball Basketball I like basketball. 将课上所学的韵律歌进行改编，可以将篮球替换成其他类单词，除了自己的喜好还可以介绍他人喜好，能够在单词准确的同时有韵律，将改编好的歌谣唱出来	歌曲演唱	10分钟	巩固性作业	选做	应用实践
第三课时	1. Interview and say. basketball football running swimming walking ... father mother ... 通过运用所学句型 What's your favourite...? / What do you like? 等询问家长喜欢的运动或其他事物，完成调查表	采访调查	5分钟	综合实践类作业	必做	应用实践
	2. Draw and say My father 运用思维导图形式呈现出自己的调查结果，根据自己的作品介绍家庭成员喜爱的事物	动手制作口语介绍	20分钟	综合实践性作业、挑战性作业	选做	迁移创新

作业设计

续表

<table>
<tr><td rowspan="4">作业设计</td><td>课时</td><td>作业内容</td><td>作业
形式</td><td>预估
时长</td><td>作业
类型</td><td>必做
或
选做</td><td>学科
能力</td></tr>
<tr><td rowspan="2">第四
课时</td><td>Look at the picture and complete the sentence.
</td><td>口语
作业</td><td>2分钟</td><td>基础性
作业</td><td>必做</td><td>学习
理解</td></tr>
<tr><td>Make a invite card.
　学生通过制作邀请卡，并用 Let's... 邀请家人或朋友做自己或他们喜爱的运动。思考如果家人或朋友因为某些原因像 Daming 拒绝 Sam 一样拒绝了你的邀请，你会怎么说，你能理解他们吗</td><td>动手制作视频采访</td><td>20分钟</td><td>巩固性
作业、
综合
实践性
作业</td><td>选做</td><td>迁移
创新</td></tr>
<tr><td>第五
课时</td><td>Make a sandbag.
　学生成为一位位传统运动推荐官，通过记录自己制作传统运动——沙包的过程，让更多的人了解中国传统运动，邀请更多人一起来玩沙包</td><td>动手制作口头介绍</td><td>一周</td><td>挑战性
作业、
综合
实践性
作业</td><td>必做</td><td>应用
实践
迁移
创新</td></tr>
</table>

	课时	作业目标	优秀作业成果展示	作业评价		
作业评价	第一课时	1. 巩固所学句型，能较好、较准确地选用 There is/are 填空，掌握句型用法； 2. 理解文本内容，通过排序方式熟练掌握课文		评价方式	评价标准（优秀可涂三个笑脸，良好涂两个笑脸，合格涂一个笑脸）	
				教师评价 学生自评 生生互评	选用准确	☺ ☺ ☺
					排序正确，朗读流利、有感情	☺ ☺ ☺
	第二课时	演唱歌曲，改编歌谣，在改编过程中能够准确使用运动的词汇。歌谣中能够表达自己或他人喜爱的运动，提高学生的运动兴趣	Basketball Basketball Basketball I like basketball. Football Football Football I like football. Ping-pong Ping-pong Ping-pong We like Ping-pong. Swimming Swimming Swimming They like swimming.	评价方式	评价标准（优秀可涂三个笑脸，良好涂两个笑脸，合格涂一个笑脸）	
				教师评价 学生自评 生生互评	歌曲演唱流利，音调准确	☺ ☺ ☺
					词汇使用恰当；有韵律、节奏	☺ ☺ ☺

续表

	课时	作业目标	优秀作业成果展示	作业评价		
作业评价	第三课时	1. 开展调查采访，调查朋友或家人的喜好，完成调查表，记录询问过程，初步熟悉家人的喜好		评价方式	评价标准（优秀可涂三个笑脸，良好涂两个笑脸，合格涂一个笑脸）	
				教师评价 学生自评 生生互评	调查及介绍过程语言流畅	☺ ☺ ☺
		2. 绘制思维导图，能介绍调查结果，说出调查对象的喜好，培养学生逻辑性思维			思维导图绘制清楚易懂	☺ ☺ ☺
	第四课时	完成填空，巩固词汇，在此基础上设计邀请函，邀请朋友或家人一起运动，进一步提高学生的运动热情，询问过程中注意倾听他人想法，对他人不同的意见给予回应，拥有同理心		评价方式	评价标准（优秀可涂三个笑脸，良好涂两个笑脸，合格涂一个笑脸）	
				教师评价 学生自评 生生互评	邀请语句清楚明白	☺ ☺ ☺
					邀请函制作精美	☺ ☺ ☺

	课时	作业目标	优秀作业成果展示	作业评价		
作业评价	第五课时	结合自己或家人最喜爱的物品素材，设计自己的沙包，描述制作过程，推广、吸引更多人参与中国传统运动		评价方式	评价标准（优秀可涂三个笑脸，良好涂两个笑脸，合格涂一个笑脸）	
				教师评价 学生自评 生生互评	能够简单介绍制作沙包的过程	☺ ☺ ☺
					呈现形式多样	☺ ☺ ☺

资源条件	本作业为线上线下融合作业，线上作业依托微信小程序上传图片、视频、录音等。在完成作业的过程中学生可借助纸张、物品——在制作沙包过程中需要用到的材料有布料、填充物、针、线等，在家长的引导帮助下共同完成 DIY 沙包

三、作业特色

（一）以多元智能为基础，为学生搭建多样化发展平台

在素质教育背景下的英语教学中，教师要注重对学生的多方面能力进行综合培育，要重点突出以人为本的教学理念，突出学生的主体地位。"双减"政策要求教师在设计单元作业之前，要预先对学生的语言水平和实际能力进行分层，考虑学生在语言水平、基础知识、接受程度、学习方式、兴趣喜好、优势特长等方面的差异。本设计依托多元智能理论，根据学生的不同层次和差异布置不同要求和内容的作业，有效挖掘学生内在的各项潜能，真正实现因材施教、学用平衡。

1. 作业设计生活化，搭建语言运用能力平台。

英语课程标准的总目标就是培养学生的综合语言运用能力。为了培养学生的语言运用能力，教师应该将课本知识运用"生活化"，在真实的生活情境中学习、运用语言。本作业设计基于运动主题，布置了许多源于生活的作业任务。学生成为调研小记者，围绕同伴或家人的喜好展开调查采访，在此过程中学生能够运用所学知识，进行语言实践。在第四课时中邀请他人一起参与运动，学生需要预设当自己不能接受他人发出的邀请时应当如何应对，是直接地说 No, I don't，还是选择委婉的方式，例如 I'd love to, but...，学生开启头脑风暴，能够有条理、有根据地表达自己的观点。学生将自己的调查结果绘制成思维导图的过程中，能逐步发展逻辑思维，对他人喜爱的事物进行归类划分，在思维发展中推进语言的学习，培养学生大胆说、不怕错的英语自信心。在此过程中，学生能够了解他人想法，学会倾听他人想法、尊重他人意见、理解他人，进而提高人际交往能力，学会与他人相处。

2. 作业价值多元化，搭建跨文化交流平台。

文化意识指对中外文化的理解和优秀文化的鉴赏，学生在综合实践作业中以制作沙包的任务为起点，在前期学生已经学会并掌握了许多运动，但对中国的传统文化运动了解不深。通过此项实践作业，学生需要了解有关沙包的文化背景、外形材质、游戏方法，从多角度深入了解沙包，动手制作自己的沙包，提高动手能力。在设计沙包时学生能够融入健康的审美情趣，对更多的中国传统文化运动感兴趣，进而引发对其他中国传统事物的探索和思考。制作完毕后，学生可以介绍自己的DIY沙包，主要说明制作过程，还可以介绍自己在玩沙包时的感受，加深对中华文化的理解认同感，用英语讲述中国传统文化运动，提高学生跨文化交流意识，向更多的人推广沙包这类传统运动。

（二）以线上线下融合为作业设计模式，拓宽教学渠道，发展学生实践能力和创新精神

1. 拓宽教学渠道。

在线上线下融合模式下，教师能够打破时间和空间条件的限制，指导学生展开自主学习和复习，学生也能随时查阅和分析教学资源。本作业设计第五课时设置了综合实践类制作DIY沙包的任务。学生在校内完成了沙包设计图的绘制，需要在课后完成制作和整理介绍的过程。通过借助电子软件平台，教师将课上PPT上传至程序软件，学生可以随时查看制作过程，也可通过自主研究继续深挖学习。同时学生可以在线上完成初步展示，教师进行批阅，通过小红花、语音等方式为学生提出指导意见，实现点对点的高效评价。在教师指导、学生修改后，教师利用线下时间开展作业展示评价活动，每个学生进行自己的作品展示并配上简单的描述，在此过程中，高效地完成了作业，同时也加强了在实体课堂中的表达能力和表现力，锻炼了谈吐、举止、台风、站姿等各方面的综合能力。

2. 发展学生实践能力。

通过设置线上线下的作业任务，学生以自己采访的形式，充当小小调查员，深入调查他人的兴趣和喜好，在此过程中培养了人际交往能力和动手操作能力。学生需要将调查的结果以思维导图的方式呈现并介绍，能做到有条理地做事。在思维导图的绘制过程中，学生可以设计表格或分支型导图。在邀请他人参与运动的过程中，设计一张形式不限、能够凸显邀请内容的邀请卡，将邀请卡送给想要邀请的同学，能根据他人的反应做出合适的回答，学会倾听和尊重他人的想法。通过布置设计并制作一个沙包的作业，发展和提高学生的数学逻辑思维。学生需要思考好自己沙包的尺寸、填充物和表面的选材，制作出一个自己的DIY沙包，从多方面发展实践能力。

3. 提高学生创新精神。

搭建创编型作业可以激发学生的想象能力，提高作业训练的质量，提升学生的英语素养，让学生结合自己的学习基础、学习能力，创编出多种不同的训练内容，

提高作业的质量。教学实践证明，激发学生的英语作业兴趣，能增强英语综合能力，给学生更大的自主发展空间。通过创编作业，学生积极性较高，能力不同的学生都能参与其中，提高了主动思考的能力。在作业设计中通过设置改编歌谣的作业，学生能够在所学的运动单词和句型 I like... 的基础上，更改不同的运动单词，并将主语替换成 we，they 等。学生在开展调查的过程中形式多样，除了普通的面对面调研，还想出了许多方法，例如拨打视频通话，绘制调查表发给想要调查的对象等，获取信息。在绘制思维导图时，学生根据自己的思考，绘制了多种多样的图。在制作 DIY 沙包中，学生不拘泥于普通的正方形，有的加入了自己喜欢的动物元素，有的将沙包缝制成了多边形，形式创新多样。在创新创编的过程中学生还能够学会表达与交流、实践与活动，拓展了学习空间、丰富了课外知识，培养了英语运用能力及创新精神

四、作业反思

1. 明确线上作业调查方式。

在作业收集上发现，未在校内完成调查的学生选择家长作为调查对象的较多，选择同伴作为调查对象的较少，由此可见，在线上与同学们交流探讨的方式还需要更加明确，比如对同伴以语音通话的方式开展调查等。

2. 明确作业分层标准。

在作业设计上通过"必做"与"选做"让学生进行自主选择，但在如何选择及选择的标准上还需要制定更加细致的量规，让学生自己对自己的学习情况能有一个明确的认知，知道自己能做到哪一步、知道自己该往何处努力，对自己的英语学习做出明确规划。

3. 考虑设计"项目化学习"的小组作业。

基于"半开放式"作业设置"项目化学习"式的小组合作作业，教师为学生设置大"导航"明确作业主题，学生以小组为单位进行探究，设计项目化流程图，在基于大主题的条件下，设置各环节需要的任务，自主探究，以完成大主题作业目标。作业设计全程由学生主导参与，培养了其领导力和合作意识，进一步提高了其自主参与度

第十四章

课后作业中思维品质的培养

李大雁

观点聚焦

思维品质作为英语学科核心素养要素之一，与语言有着密切联系。语言是思维的载体，学习和使用语言需要思维的参与，语言的学习和使用也能促进思维的发展。然而，思维品质的培养恰恰是英语教育甚至基础教育不够重视的。没有良好的思维能力和丰富的思维方式，就不会有良好的语言能力。通过观察发现，在小学英语教学中，教师似乎总是忽略思维品质的培养，往往抓着"语言"不放，对"思维"着力不多。

《义务教育英语课程标准（2022年版）》指出："坚持以核心素养为导向，实施单元整体教学是确保核心素养落地的一项重要措施。"因此，教师应在教学中突破课时教学设计，以单元为整体进行教学设计，遵循学生年龄段发展特点，把教学内容编排合理化，从而更好地在单元整体教学中培养学生的思维品质。而课后作业的设计上也应以单元为落脚点，在单元整体教学中培养学生的思维品质。

一、小学英语课后作业的现状及不足

目前阶段，随着我国教学改革的深化与发展，部分小学对英语作业模式做出了相应的调整。这些更改调整在初期虽然取得了较好的效果，但是在实际教学的过程中，英语作业的设计缺乏统一的标准和要求，不符合学生的实际情况，对于英语教学效果及学生学习能力的提升价值较低，总体来说有以下不足。

（一）课后作业目标标准性较差

传统英语作业模式缺乏规范化目标，不符合学生的实际情况，作业

量和作业内容不合理。部分小学为了在短时间内提升学生的学习成绩，会给学生留设大量的家庭作业。借助这种作业模式虽然可以在短暂的时间内，给学生灌输大量的英语知识以及答题技巧，但是经过长时间执行，这些作业会引起部分学生的逆反心理，使其逐渐失去对英语的学习兴趣，不利于其未来的发展与学习。英语作业的设计缺乏符合教学标准的作业目标，教师布置的作业的内容大多以课本内容为主，过于依赖教科书，忽视了作业的内容与学生实际现实生活的联系、忽视了与其他学科整合的联系性。并且书本化严重，作业内容缺乏丰富性、创造性（李欣，2020）。英语在单词和语法方面具有固定体系，本身是一门标准性较强的学科，不符合教学标准的作业不能达到强化知识、拓展思维、提高综合能力的效果。

（二）课后作业结构实践性较差

与其他学科不同，英语是一门具有应用性、实践性特点的学科，因此对于作业内容的实践性要求较高。部分小学在课后留设的作业结构上一般偏重于理论知识，内容也比较固化单一。学生在完成作业的过程中，虽然掌握了理论知识，但是无法实践应用。即使布置了课后口语训练，教师也无法及时矫正学生发音，仅凭学生的口语训练难以达到标准口音的目标，训练效果较差。不仅如此，作业结构实践性较差也涉及作业的分类与层级。僵化固定的单层次结构作业会削弱学生对英语学习的兴趣和积极性，同时也会在一定程度上降低学生对英语知识的综合运用能力。

二、课后作业中培养思维品质的依据

（一）政策依据

随着课程改革的不断深入，学生的核心素养受到了教育者们的重视，新的教学理念逐步取代了传统的教育观念，新的教育实践不断渗透到教学过程的方方面面。教育理念不断迭代的当下，关于英语有用与无用的论调已经没有太大的意义，更需要我们老师思考的是，在当下政策基础上，进一步探讨基础教育阶段的英语教育能给孩子思维带来哪些帮助，是否有利于中小学生通过课后作业提升思维水平，学习英语本质上是学习简化问题的逻辑思维。中小学生学习英语的意义是多方面的，而不仅仅是掌握一种作为交流工具的语言。简单地从英语的实用性来判断英语教育的意义是不可取的（程晓堂，2016）。课后作业是课堂学习的延续，也是教学过程中不可忽视的一个方面，教师不仅要关注课堂教学，也要重视课后作业中核心素养的落实。英语核心素养包括四个维度：第一，语言能力；第二，思维品质；第三，文化品格；第四，学习能力。作业设计是提升学生核心素养的重要环节。丰富作业设计形式是帮助学生产生学习兴趣、提升学习效率的有效方法。

（二）理论依据

1. 杜威实用主义理论

杜威提出"从做中学要比从听中学更是一种较好的法"。在杜威看来，如果教育者能对活动加以重视、选择和利用，以满足儿童的天然欲望，使儿童从那些真正有教育意义的活动中进行学习，那也许是对儿童一生有益的一个转折点。但是，如果教育者忽视了，这种机会就会一去不再来了。杜威的实用主义理论对英语作业设计的启示有两点：第一，启发我们在英语作业的设计中，不能停留在单纯的死记硬背上，多给学生一些"做"的机会，让学生在动手的过程中掌握知识，在更有助于记忆的同时也让学生在快乐中学习。如果在英语课外作业设计中合理融入动手做的元素，学生能够更好地去感知、去记忆知识，达到更好的学习效果。第二，我们应抓住机会，根据不同的教学内容合理设计动手类、体验类的作业。

2. 加德纳多元智力理论

加德纳的多元智力理论认为，不存在单纯的某种智力和达到目标的唯一方法，每个人都会用自己的方式来发掘各自的大脑资源，这种为达到目的所发挥的各种个人才智才是真正的智力，造就了人与人之间的不同。人的智力可以分为语言智力、逻辑数学智力、音乐智力、视觉空间智力、身体运动智力、人际关系智力、内省智力和自然智力。在多元智能的理念基础上，加德纳提出了一个新的教育观——"以个人为中心的教育"，强调人与人的差别主要在于人与人所具有的不同智力组合。我们必须承认并开发各式各样的智力和智力组合，必须对每个学生的认知特点都能给予充分的理解并使之得到最好的发展。

依据加德纳的多元智能理论，在我们的英语作业内容设计中应多考虑学生的不同智力组合，将其他学科所学的知识合理地加入英语作业中，让本身英语较薄弱的学生在完成与其他学科融合的作业中体会成功、收获自信，进而培养起英语的学习兴趣。

3. 皮亚杰的儿童认知理论

皮亚杰的认知结构学说认为，儿童的认知能力不能从外部形成，儿童思维结构的变化是由内部决定的，教育就是要用最合适的方法，在最合适的环境中去帮助儿童发展自己的认知能力。皮亚杰强调儿童不是被动地接受知识，而是主动地探索知识，进行创新，一切教育活动必须以儿童的兴趣和需要为前提。这样才能激发儿童在活动中的主动性，使活动成为儿童主动获得知识的积极活动。皮亚杰认为儿童只有直接自发地参加各种活动，才能获得真正的知识，形成自己的假设并予证实或否定。因此他很强调活动性，把活动原则贯穿于教学的全过程，放手让儿童通过动手动脑去认识主体与客体之间以及客体与客体之间的关系，逐步形成、发展、丰富自己的知识结构。在英语作业的设计中要注重学生的兴趣培养，英语作业不仅仅拘泥于读、写、背，可开展有益的英语活动，如英文说唱、课本剧表演、英文演讲等，丰富的作业内容、变换多样的作业完成方式能够调动学生的好奇心、培养学生的创造力，让学生在动手动脑的过程中掌握英语知识。

三、单元整体视角下的小学英语课后设计

（一）基于单元目标，关注作业的递进性

单元目标和课时目标是整体与部分的关系，单元目标的实现得益于课时目标的设计。根据学生学习特点，课时目标之间应具有一定的递进性，对学生各方面能力要求应呈现螺旋式上升，逐步提升学生综合能力。基于单元目标下的作业设计要充分考虑学生的认知方式、认知水平和心理特点，遵循知识目标由易到难、技能目标由低到高、思维目标由浅入深的层级设计。以三年级上册 Unit 4 "My family" 的单元课时作业为例，本单元围绕"家人"话题，教学内容为运用所学介绍自己的家人，单元目标是让学生在学习过程中学会介绍家人，感受家的温暖，倡导家人之间相亲相爱。Story time 板块为 Mike 向朋友介绍自己的一家；Fun time 板块为学生利用照片介绍自己的家人；Cartoon time 板块为 Sam 和 Bobby 介绍自己的父母；Song time 板块为一首家庭主题的歌曲；Checkout time 板块通过图片排序复习本单元的词汇和句型。教师将单元教学内容分为三课时，以语言能力目标为例，第一课时目标为学生能够在整体语境中理解故事内容，使用"This is..."句型来介绍家人；第二课时目标为学生

能够在具体语境中介绍家人；第三课时目标为学生能够使用思维导图阐述家庭成员之间的关系和成员信息等。课时作业编排如下：

第一课时（Story time）：①用正确的语音语调朗读课文；②准备一张"全家福"照片，尝试用本课句型介绍自己的家人。

第二课时（Fun time & Song time）：①把本课所学歌曲唱给家人听；②根据所给照片介绍卡通人物的家人。

第三课时（Cartoon time & Checkout time）：①制作自己的家庭树；②介绍自己的家庭树。

教师在设计单元作业时根据课时目标，充分考虑学生各方面能力的发展差异，全方位关注不同能力层次的孩子。因学生刚接触"家人"这个话题，在设计课后作业时，应充分考虑学生的学习能力。第一课时作业要求学生在理解课文的基础上，能够仿照课文句型简单介绍家人。课文中的家人涉及爸爸、妈妈、妹妹、弟弟四个人物，而现在学生大多为独生子女，家庭成员主要为父母，所以学生在介绍时可以较为轻松地迁移运用本课句型，获得学习成就感。第二课时在第一课时的基础上，对学生的语言能力提出进一步要求，引导学生介绍更多家庭成员的信息。该课时作业给学生提供一些卡通人物的"全家福"照片，如樱桃小丸子、蜡笔小新等，要求学生学会爷爷、奶奶、叔叔、阿姨等称谓，用"He's/She's..."句型介绍他们。第三课时作业帮助学生利用家庭树厘清家庭成员之间的关系，引导学生呈现更加丰富的语言表达，可以加入体貌、职业等内容，拓展语言的广度。

从三个课时的语言能力目标可以看出，学生从能够初步介绍家人到最后完整地对整个家庭进行全方位介绍，实现了由句到段的飞跃。随着对家人深入的介绍，学生的家族意识越来越强，生发出作为家庭一员的自豪感，培养了正确的人生观、价值观。学生通过完成课时作业，循序渐进地达成单元目标。

（二）基于单元主题意义，关注作业的多样性

《义务教育英语课程标准（2022年版）》指出，学生对主题意义的探究应是学生学习语言的最重要内容。英语课程应该把对主题意义的探究视为教与学的核心任务，并以此整合学习内容，引领学生语言能力、文化意识、思维品质和学习能力的融合发展。基于对主题意义的探究，作业设计可以整合语言知识和语言技能，采用丰富多样的形式，让学生运用语言，开展对语言、意义和文化内涵的探究，以此深化学生对主题意义的理解和认识。

以四年级下册 Unit 5 "Seasons" 作业设计为例，本单元话题为四季，教学内容主要围绕春、夏、秋、冬各个季节的活动展开。Story time 板块以诗歌形式展现了春、夏、秋、冬的天气特点和主要活动；Fun time 板块让学生利用图配文的方式制作季节卡片；Cartoon time 板块主要是关于天气和拿错包的对话；Sound time 板块是关于 i 的发音；Song time 板块是一首节奏欢快的天气类歌曲；Checkout time 板块通过连线复习本单元知识。教师通过课内外整合，将单元教学内容分为四课时，分别为 "The poem of the seasons（四季的诗）" "The seasons in Wuxi（无锡的四季）" "The journey of the seasons（四季的旅程）" 和 "A story about seasons（四季的故事）"。每一课时均围绕 "四季" 展开教学，让学生在不断感受大自然美景的同时，体悟四季生活的多姿多彩，强化人与自然和谐共生的主题意义。课时作业编排如下：

第一课时（Story time）：①读一读：用优美的语音语调朗读课文；②写一写：以思维导图的方式梳理有关四季的词汇（还可扩充其他相关词汇）。

第二课时（Fun time & Song time & Checkout time）：①画一画：完成自己的四季图画书；②写一写：给自己的图画书配上文案；③讲一讲：将自己做的四季图画书讲给好朋友听。

第三课时（Sound time & Cartoon time）：①想一想：归纳更多含有 Sound time 发音规律的单词；②演一演：尝试表演 Cartoon time；③探一探：一天之内，地球上会出现四个不同的季节吗？

第四课时（Checkout time）：①讲一讲：尝试用自己的话讲一讲今天所学的绘本故事；②做一做：用你喜欢的方式梳理本单元所学内容。

本单元作业设计以多样活动不断深化主题意义。学生通过听、说、读、写、看、画、探等方式感知理解自然之美和生活之美。比如第一课时作业采用思维导图的方式引导学生梳理本课词汇，在书本呈现的词汇基础上，学生需要多渠道扩充有关四季的词汇，将词汇学习和主题相关联，帮助他们自主、高效地开展学习。第二课时作业关联课堂和生活实际，帮助学生调动已有知识经验，学生通过完成自己家乡的四季图画书，推动对主题的深度学习，进一步激发对家乡的热爱之情。第三课时作业与科学有机结合，构建学生多元文化视角，发展学生的思维品质。第四课时作业开放式梳理本单元知识，学生在梳理单元内容的过程中建构和完善所学知识，通过对本单元内容的整体认知，加深对主题意义的理解。

（三）基于单元情境，关注作业的融合性

语言在社会情境中传递信息，一旦离开情境，语言只是一套符号，呈现的也只是一些语意上的表层意思。英语教学中语言的学习常跟生活实际相联系。教师在设计作业时，应基于单元情境创设与此相关的特定情境，根据学生的生活经验，找到课内与课外的链接点，融合课内外知识，真正实现"用英语做事情"，解决生活中的实际问题。

以五年级下册 Unit 7 "Chinese festivals" 的单元课时作业为例，本单元围绕"节日"情境，教学主要内容为了解并介绍中国传统节日，在学习过程中感受中国传统文化的魅力。Story time 板块介绍了春节、清明、中秋、重阳四个传统节日；Grammar time 板块为节日时间的表达；Fun time 板块通过画一画、说一说，阐述一年四季的景物、活动；Culture time 板块介绍了万圣节；Cartoon time 板块为 Bobby 和 Tina 如何庆祝母亲节的对话；Checkout time 板块通过问答复习四个传统节日，并要求写一写自己喜欢的节日。课时作业编排如下：

第一课时（Story time）：①用优美的语音语调朗读课文；②搜寻四个传统节日的更多资料。

第二课时（Grammar time & Fun time）：①详细地介绍一个你喜爱的节日；②拍成抖音并发布。

第三课时（Cartoon time & Sound time）：①用优美的语音语调朗读课文；②搜寻父亲节资料。

第四课时（Culture time & Checkout time）：①尝试介绍其他国家的一个节日；②设计一个新的节日（选做）。

教师创设"冬奥会中国文化小使者"的情境，引导学生通过一系列通关游戏完成 Story time 板块的学习。为了帮助学生更好地成为"文化小使者"，教师将课堂情境延伸到课外，让学生去了解更多关于文中四个传统节日的资料，实现了课内、课外的完美衔接。第二课时的情境为由于中西方文化差异，大部分外国友人不了解中国节日。学生需要拍摄一个抖音短视频，向他人介绍自己喜爱的节日，讲好中国故事，传播中国文化。拍短视频的真实任务可以调动学生的学习积极性，鼓励学生在现

实生活中创造性地运用语言。第四课时的作业情境是近年来发生了不少大事，产生了很多杰出人物，如钟南山、屠呦呦等。学生需要为他们心中的英雄人物设计一个新的节日。该作业让学生从旧的故事迁移到新的故事，源于生活又高于生活，旨在引导学生关注生活，提升创造力。

四、优化英语课后作业，提升思维品质

（一）优化积累训练型作业，提高语言能力

语言能力是英语学科核心素养的基础要素，主要包括学生对语言知识的掌握程度以及灵活运用语言知识进行对话沟通的能力等。传统的英语作业比较重视语言知识的掌握，但不足在于作业的形式单一，忽视语言能力的培养，比如一些积累训练型的作业只限于乏味的抄写、背诵、练习的形式，比较枯燥。教师要做的并不是完全抛弃此类作业，而是应该探索适宜的形式，让积累训练型的作业成为有意义的学习，对此，笔者认为应遵循以下几点原则：

1. 理解优先原则

在学习的基础阶段，如若不经历观察、模仿、练习、应用的过程，学生对基础知识的掌握是不深刻的，所以抄写类的作业很有必要，可以同时调动学生的手、眼、脑，在大脑中加深印象，也就是人们常说的"好记性不如烂笔头"，同时还可以使小学低年级的学生养成良好的书写习惯。但是抄写或背诵的前提一定是理解，不然就变成机械抄写和死记硬背，机械抄写没有意义，死记硬背只会形成短期记忆，都不利于学生语言能力的培养。现实学习中，很多高年级的学生对英语字母的书写还不规范，究其原因是在三年级初学习英语的时候，没有理解老师的讲解，只是照葫芦画瓢地写，平时书写练习的时候也只是机械地抄，自然达不到好的效果。针对这种情况，教师应该在课堂中对各类语言知识进行详细讲解，比如在教授字母书写时，一定要下笔慢，讲清楚，给学生示范到位，让学生在课堂上观察、理解、临摹，这样课后抄写时大体不会出错，出现个别错误后及时纠正，加深个别学生的理解，为英语书写打下良好的基础。再比如，背诵是二语习得提高语感的一个好办法，但学生不理解句意，背课文变成了单词的拼凑，所以说出来的句子总会"丢三落四"。

2. 适度适量原则

在学生学习之初都有着强烈的兴趣，但随着抄写背诵这些作业的常规化，学生新鲜感一过，容易出现应付了事的心理。教师应该明确基础抄写类作业的目的，而不是所有情况"一刀切"。如果以养成良好的书写习惯为目的，则要设计好抄写的内容并控制好作业量；如果以记忆单词为目的，要注意抄写的方式，没有必要统一抄写量，只要学生能默背下来即可；如果以锻炼学生的专注力为目的，可以由学生自己来掌握抄写量，教师对其做出相应的形成性评价。教师一定要遵循孩子的身心发展规律，不要用抄写当作惩罚，避免大量无意义的机械作业。

3. 主动负责原则

在日常教学中有这样的现象：课堂默写时有一部分同学正确率很低，但他们的课后默写正确率却很高，还有家长的签名。究其原因，首先，这部分学生没有真正理解默写的内容，回家默写只是死记硬背的短期记忆，根据记忆规律，第二天会忘记很多。其次，学生没有养成主动负责的意识，没有意识到认真完成作业是自己的责任。有的家长工作繁忙，无暇顾及孩子的学习，学生就胡乱默写一番，请家长签名了事，而且有的学生认为回家默写是由家长批改的，自己默写完就扔在一边。针对这种情况，教师应该和家长达成共识，在抄默作业中，家长不再亲力亲为给孩子报词语、批对错，而是监督孩子按要求规范认真完成，既减轻家长负担，又有助于良好学习习惯的养成。教师也要及时进行表扬和奖励，调动学生的积极性，突破积累训练型作业的被动与枯燥。

（二）布置听说型作业，强化语用能力

教师可以布置听说型作业，引导学生结合音频参与口语练习，促进其语用能力的提升。教师可以分享对话音频，强化学生的口语交际能力，也可以分享朗读短文的音频，强化学生语篇构建和理解能力。

以外研版四年级上册 Module 3 "What are they doing?" 教学为例，教师可以与学生分享音频，布置听说型作业，要求其能够模仿音频中的语音和语调朗读教材中 Listen, point and find "–ing" 板块的对话。教师还可以适当寻求家长帮助，请家长引导学生先结合教材进行跟读，回顾 "What are they doing?" "They are..." 两个单元重点句型，并加深对 "do taijiquan" "play chess" "drink soya drink" 等短语的记忆。

家长可以鼓励学生扮演 Daming，结合 Amy 提出的问题进行回答。这种布置听说型作业的形式，可以有效锻炼学生的语用能力，使其熟练掌握所学知识的应用语境。

（三）设计创造探究型作业，提升思维品质

思维品质对语言的学习至关重要，培养学生的思维品质是英语学科素养的重要方面。教师要学会设计创造探究型的作业，提升学生思维品质。

1. 结合思维导图，培养发散思维

思维导图式的家庭作业能够进一步梳理、复习课堂上所学的内容，激发学生的学习兴趣，有利于培养学生的发散思维，建构学生的知识网络，形成良好的认知结构，在自主梳理设计的过程中体现学生的主体地位。以牛津译林版教材四年级上册 Unit 1 "I like dogs" 为例，教师布置了让学生根据本单元内容，用自己喜欢的方式设计绘制思维导图的作业（见下图），不仅加强了对课文的梳理，促进了学生对文本内容的理解，还培养了学生的思维能力。

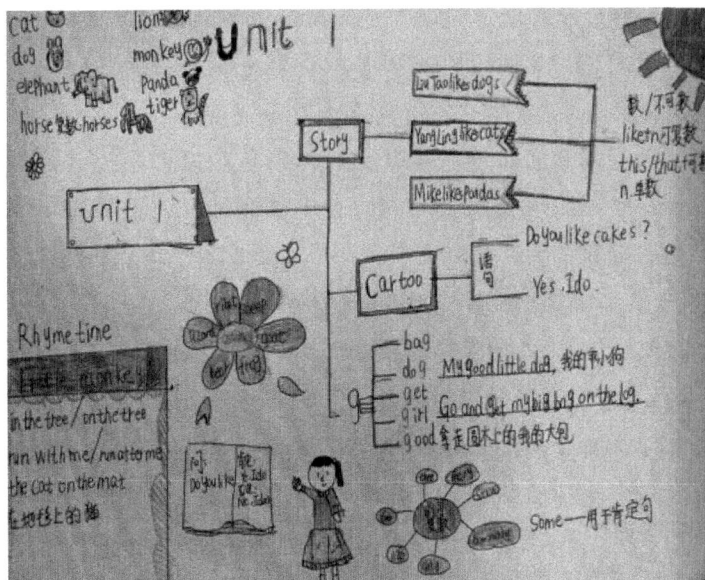

2. 创新文本内容，培养创造思维

译林课本中的卡通板块富含趣味，歌谣板块朗朗上口，学生们非常喜欢，教师可以鼓励学生完成对此类文本创新的作业，如：编一编——创编新的歌谣，写一写——续写故事制作口袋书，画一画——结合书中

文本制作连环画等图文并茂的形式，学生根据自己的喜好和经验自由创作，既锻炼了语言运用能力，又培养了想象与创造思维。如：以四年级上册 U8 "Dolls" 这一单元中的 Rhyme time 的 Two fat boys 歌谣为例，学生仿照文本内容以及朗朗上口的节奏，创编了新的歌谣（下图）：

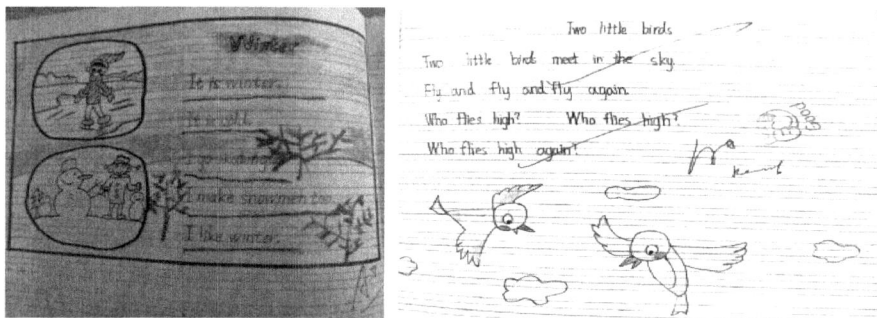

再如，在教学四年级下册 Unit 5 "Seasons" 这一课时，也可以布置仿写创编类的创新文本型作业，这样的作业不再是枯燥的抄写，学生会非常感兴趣。以外研版六年级上册 Module 9 Unit 2 "I want to go to Shanghai" 为例，教师可以鼓励学生结合单元重点知识创作一篇对话，并对自己的作业进行检查，分析是否存在语法错误或逻辑不通的问题，探究是否引入了丰富的句型。在丰富对话内容的过程中提升思维的创造性和逻辑性，在巩固单元知识的同时，充分锻炼自己的思维品质，促进其核心素养的提升。

（四）引入生活实践型作业，培养文化意识

文化意识是英语核心素养的价值取向，包括文化知识、文化内涵、中外文化的异同等方面，最终是让学生吸收文化精华，增强家国情怀，帮助学生实现跨文化沟通。英语不仅仅是一门学科，更是一门语言，要放到一个大的文化环境中学习，并理解语言背后承载的文化内涵和价值。所以，教师也要关注到这一点，除了在课堂中积极地营造真实的语言情境，渗透文化意识，在课后作业的布置中，也要引入生活实践型的作业，培养学生的文化意识。比如，在学完三年级上册 Unit 8 "Happy New Year" 后，学生学唱新年歌，用英语给自己的家人和朋友送新年礼物，并体会中英文化中人们收到礼物时的不同表现。在学完五年级上册 Unit 6 "My e–friend" 后，让学生用 QQ 邮箱给朋友或者老师写一封电子邮

件，感受学以致用的乐趣。阅读前笔者呈现主题后引导学生："Look at the topic. What do you want to know?"此时学生都会带着好奇积极思考、踊跃发言。他们提出自己的疑问："Who has an e-friend? What's the e-friend's name? Where does he/she live? How old is he/she? Is he/she Chinese/English? What does he/she study at school? What does he/she do after school? What is he/she good at?"

这些有趣而丰富的问题，是学生已知英语知识经验的提取，并且这些问题又都和本主题有关，因此这个过程是学生一次个性化的思维过程。这些问题都来自学生自身的疑问，因此他们更迫切地想进一步阅读文本（戴建琴，2022）。在学完六年级上册 Unit 8 "Chinese New Year"后，结合五年级学过的"At Christmas"这一单元，设计一张中国新年和外国圣诞节的对比表，比较中外节日的异同，感受不同文化的节日氛围。在学完六年级上册 Unit 7 "Protect the Earth"后，让学生设计一张保护地球的海报，同学们从节约用水用电、废物循环利用、爱护地球环境等很多方面进行了设计，感受到了尽管肤色、国家、文化、语言有差异，但我们都生活在共同的"地球村"中，人们保护地球、保护我们共同的家园的理念是相同的。除此之外，还有很多诸如调查、采访、制作等实践类作业形式。

基于当下小学生英语学习的时间较少，自主学习热情不高，可以大胆地选择让学生与家长有更多参与感的方式，利用一些自媒体平台和微信 APP 去学习更多知识——我认为这是当下时代信息化高度发展的必然结果，亦如过去需要书本来承载知识与文化，现在使用电子设备对知识以及文化的传承与保存更为高效且长久。

传统的小学课外作业主要以抄写字母、单词、句子、对话为主，辅以读对话、背诵短文，现阶段微信以及自媒体作业带来了一种新的作业形式。这种新颖的听、说、读作业能够激发学生的学习兴趣，有效地改变学生学习英语的方式。然而对于高年级的小学生来说，简单地听、说、读写不能满足他们的需要，尤其是对于面临小升初考试的学生，这无疑是一种无形的压力。兴趣是最好的老师，改变单一的作业形式，选择丰富多样的练习方式是维持学习动机的有效保障。由于大多数英语教师缺乏作业设计意识，无论什么作业都容易拘泥于形式，学生只是大量机械地重复训练语言知识和技能，这不利于其元认知能力的发展，不利于其思维能力的锻炼，不利于其学习策略的掌握，也不能形成良好的自我效能感。

但是需要老师们注意的一点是，教育部八部门印发的《综合防控儿童青少年近视实施方案》指出："为了防控青少年儿童近视，学校教育应按照按需的原则合理使用电子产品，教学和布置作业不能依赖电子产品。"由此可知，学生在线完成作业的时间不能太长，微信等自媒体作业的布置要结合手写作业，充分利用好两种作业形式的优势，严格把控学生完成作业的时间，除此之外，布置频繁的微信作业会占用教师较多休息时间。虽然微信作业具有灵活性较强、反馈速度较快的特点，便于教师在第一时间了解学生的作业情况，然而布置没有分层次的作业，不利于学生（冯晓雪，2020）。

（五）加强分层选择型作业，促进学习能力

学习能力不仅指学习过程中运用的相应方法和策略，还包括学生的学习态度、语言的运用能力等。小学阶段一些学生的学习成绩不理想，很大程度上和自主学习能力相关。新课程改革旨在使每一个学生都得到发展，教师应该因材施教，满足不同层次学生的需求。以往全班统一的作业形式，很难适应全部学生的需求，对学优生来说是低效地重复学会了的内容，没有提高的机会，对学困生来说甚至达不到最基本的要求，从而丧失了学习信心。

分层选择型作业针对学生的不同学习能力设计，可以保护学生的学习兴趣，激发学生的进取精神，潜移默化地提升学生的学习能力。如在学完四年级下册 Unit 3 "My Day"后，除了熟读背诵 Story time 外还布置了不同层次的作业并让学生自主选择其一完成：a. 根据 Mike 一天的活动完成课文内容的填空；b. 列出自己一天的时间安排，写出对应的活动；c. 描述自己的一天。

分层选择型作业给学生提供了自主选择的机会，满足了不同学生的需求，适应了学生的身心发展，有助于不同层次的学生学有所得。一方面，减轻了部分学生的压力，增强了他们学习的信心，减少了机械的内容，逐渐提高了学生的自主学习能力。另一方面，符合最近发展区的分层作业能够激励学生向更深一层的能力发展。在被布置了分层作业后，大部分同学不仅仅只局限于完成最简单的作业形式，他们会有挑战更难一级作业的劲头，甚至有的同学完成了全部的作业，学习能力和学习兴趣被极大地激发。同时，教师要针对分层作业给予相应评价，要善于抓住学生的优点，让学生体会到学习的快乐、成功的喜悦。

（六）布置表演型作业，强化人文素养

小学生都有着强烈的表现欲望，通过布置表演型作业，学生可以更加细致地解读单元主题，得到人文素养的提升。

教师可以鼓励学生独立完成演讲、讲故事等表演型作业，也可以鼓励其利用在校时间与同学共同完成英语话剧或对话的排练活动。

以外研版六年级下册 Unit 4 Unit 1 "The balloons are flying away！"教学为例，教师可以根据班级情况划分表演小组，鼓励学生合作完成本单元的作业，演绎教材中 Listen，read and act out 板块的对话。在这个过程中，学生可以在组员的带动下，细致地解读教材中的文字和图片，分析 Daming 说出 "Am I going to have a birthday party？"这句话时的喜悦情感，探究 Daming 的主动帮助 Simon 的母亲提箱子时展示出的乐于助人这一品质。

同时，学生在演绎 Simon 在看到母亲提重物后，说出 "Sorry, I can't. I'm on the phone."这句话时，是否应该设计一些细节性动作体现 Simon 对母亲的关爱。最后，学生还可以结合 "The balloons are flying away！"的情况下三人依然能够展现笑容这一场景体会到三人乐观积极的品质。

在学生集体解读教材内容、探讨表演方法期间，也可以得到合作能力、集体意识等素养的提升。

小学英语的学习是一个注重基础的过程，不仅仅是学习词汇和语法，更重要的是学会用英语思维，并学习这种思维背后的与我国文化相异的跨文化知识和理念。在实际教学中，教师要充分利用好单元整体教学这种教学模式，养成主动培养学生思维品质的意识和观念，从整体上审视单元主题内容，从细节处遵循由零散到整合、由易到难逐步建构来培养学生的思维品质，让学生在感受欢快课堂氛围的同时，能迅速做出必要的思考和正确的判断，从而真正做到培养学生的批判性思维和主动学习的能力。

就语言学习的意义而言，《义务教育英语课程标准（2022 年版）》所体现的基本理念是，学习语言既有利于促进个人的全面发展，也有利于个人参与社会活动。学习和掌握外语，能够推动思维的发展，使思维

内容日益丰富，思维能力不断提高。学习外语不仅能够拓宽交流渠道，而且有利于心智的发展，特别是思维能力和认知能力的发展（沈瑜，2010）。而学习一门外语就需要通过长期稳定且适量课后作业保证对外语的亲切感和既视感，所以课后作业中思维品质的培养是必要的，是不可或缺的一部分。

总之，学习外语或能讲外语的人，思维能力和思维敏捷性要超过只讲一种语言的人（沈瑜，2010），在倡导核心素养的新课程改革背景下，教师应该转变传统的作业观念，优化作业设计，以学生的发展为宗旨，以学生的学习为主体，让学生做高效的英语作业，提高学生对英语学习的兴趣，提升学生的核心素养，促进学生的全面发展。

参 考 文 献

[1] 李欣. 学科核心素养下的小学英语作业设计 [J]. 教育现代化，2020（15）：124-126.

[2] 冯晓雪. 基于微信平台的小学英语课外作业实施现状与对策研究 [J]. 海外英语，2020（17）：116-117.

[3] 程晓棠，赵思奇. 英语学科核心素养的实质内涵 [J]. 课程·教材·教法，2014（9）：112-114.

[4] 沈瑜. 小学中高年级英语作业设计的实践研究 [D]. 上海：上海师范大学，2010.

[5] 戴建琴. 指向提升思维品质的英语阅读教学 [J]. 小学教学研究，2022（10）：45-70.